ダーウィンから学ぶ、ビジネスモデル進化論

失敗しないDX企画48のネタ！

三浦一大
株式会社BusinessTech
代表取締役

プレジデント社

はじめに

2020－21年は、時代が大きく変化したターニングポイントとして長く語り継がれる年になるでしょう。

新型コロナウイルス感染症拡大によって、これまで当たり前だった仕事のあり方や働き方、生活スタイルなどを見直さざるを得ない状況に陥ったからです。

コロナ禍に陥る以前、日本は人口減少や少子高齢化など喫緊の課題を抱え生産性向上の実現が強く叫ばれてきましたが、デジタル化は遅々として進みませんでした。

その背景には、全企業の99％を占める中小企業がデジタル化にあまり積極的ではなかったという事情があります。アメリカで先行していたＩＴ

化の波が日本にも上陸してきた当時、企業が業務システムを導入するには莫大な投資を必要としたため、導入に踏み切ったのは大企業がほとんどで資金的余力の少ない中小企業まではなかなか広がらなかったのです。

その後、ＩＴ技術は急速に進歩して導入コストも大幅に下がりました。しかし、システム管理を任すことのできるスキルを持った専門人材を雇う余裕はあいかわらず中小企業にはなく、「ＩＴ化の必要性は感じつつも行動を起こせずにいる」状態が長い間続いてしまったわけです。

多くの業務が紙で管理され、社内の情報共有は朝礼や終礼、日報で行っている会社も少なくないのではないでしょうか。

この膠着状態をコロナ禍が吹き飛ばそうとしています。必要に迫られてリモートワークの導入に踏み切る中小企業が多数あらわれ、社外でも業務ができるよう経理や人事など管理部門で業務システムやソフトウェアを導入する動きも増えてきました。

ようやく、日本でも本格的にＤＸ（デジタルトランスフォーメーション）が進展する兆しが見えてきたように感じています。

ただ、長年ＩＴ技術と距離を置いたまま過ごしてきた企業では、ＤＸの必要性をひしひしと感じていても、何をしたらいいのかわからないところも少なくないようです。

社内にＩＴリテラシーの高い社員がいれば問題ありませんが、それほどＩＴに自信はないのに社命でＤＸ担当に任命され困っているという社員もいるはずです。

そんな困り事に悩んでいる人たちのために、改めてＤＸがなぜ必要なのか、ＤＸを考える際のヒントやコツ、そして、実際にＤＸを成功させた多くの企業の事例をまとめたのが本書です。

事例では、課題から取り組み内容、成果まで解説していますので、自社のＤＸを検討する上で参考にしてください。

また、本書では、たびたび「生物の進化」に例えて説明しています。なぜなら「生物」は生き残るために、これまで数億、数千万年の中で進化を繰り返し、現在の種にたどり着いています。

ビジネスの歴史はたかが数千、数百年。「生き残る」ことに関しては、まさに「生物」こそが「師」となります。これまでの延長線上からでは答えが見つからない現在こそ、生物の進化から、一つでも多くのヒントを見つけてもらえれば幸いです。

株式会社ＢｕｓｉｎｅｓｓＴｅｃｈ　代表取締役　三浦一大

目次

第二章

DX企画は9つのタイプで立案していく！

第三章

「攻めのDX企画」……事例14

「狩りのデジタル化」事例

第四章

「儲け方を変えるDX企画」……事例7

「スピードアップ」事例

「開発力・品揃えの最適化」事例

「組織学習力の向上」事例

第一章

なぜ今、DXが不可避なのかを進化論から考える

ＤＸとは、ＩＴを使って創造的に効率よく儲けること！

ＤＸする必要性にこそ、目を向けるべき

２０１８年に経済産業省が「ＩＴシステム『２０２５年の崖』の克服とＤＸの本格的な展開」を発表してから日本でもＤＸ（デジタルトランスフォーメーション）の注目度が高まっています。

２０２５年までに日本企業のＤＸがかなり進展しなければ、２０３０年にかけて毎年12兆円もの経済的損失が発生するといわれては、何かしなければならないという気持ちになるのも当然のことです。

しかし、ＤＸとは何か、具体的に何をすればいいのかということになると曖昧模糊としており、使う人によって指し示す範囲や意味するところが

微妙に異なったりするのが現状です。そのため、何度説明されてもいまいちピンとこない人が多いというのが実際ではないでしょうか。

経産省の「デジタルトランスフォーメーションを推進するためのガイドライン」によると、「企業がビジネス環境の激しい変化に対応し、データとデジタル技術を活用して、顧客や社会のニーズを基に、製品やサービス、ビジネスモデルを変革するとともに、業務そのものや、組織、プロセス、企業文化・風土を変革し、競争上の優位性を確立すること」だと定義されていますが、これもわかるようで、よくわかりません。

何か具体的な方法論はないのかと情報を探してみても、ＰａａＳやＳａａＳ、ＲＰＡ、ＭＡなど、耳慣れない略字や横文字がいくつも出てきて、その意味を調べるだけで疲れてしまったりします。

ただ、そんな細かいことはひとまず横に置いてしまって構いません。

つまるところ、ＤＸとは、

「ＩＴ技術を創造的に有効活用して効率よく儲けよう」

ということだからです。

むしろ、理解しておくべきことは、「なぜ今、企業が本気でＤＸに取り組む必要があるのか」ということであり、ガイドラインの中にあった「ビジネス環境の激しい変化」とは具体的にどういうことなのかをしっかり認識することです。

企業は〝大量絶滅期〟に突入している

チャールズ・ダーウィンは『種の起源』の中で、「生物は常に環境に適応するように変化している」と述べています。

何かの原因で気温や気候など地球を取り巻く環境が変われば、自然環境が変化します。密林だったところが開けた草原になったり、乾燥が進んで砂漠になったり。植物や動物は生きていくため、その変化に適応していかなければなりません。できなければ滅ぶしかないからです。恐竜絶滅の原因も急激な気温の低下によって体温が維持できなくなった上、エサである植物や草食動物などが激減したためだといわれています。

つまり、環境の激変に自らの体を適応させることができなかったから滅んだのです。

一方、ネズミなど哺乳類が生き残れたのは、体を小さくすることによって少ないエサで体を維持できるように進化したからです。小さな体は身を隠すのにも便利で、恐竜など巨大生物に食べられる確率を下げることにも役立ちました。自身で体温を調整できる能力を備え、毛で体を覆い体温を逃げにくくしたことも氷河期を乗り切れた理由の一つかもしれません。


「環境に適応できなければ滅ぶ」という自然界の法則は、企業にもあてはまります。日本は世界の中でも老舗企業が多い国だといわれますが、長く生き残れた理由は、災害や戦争、急速な近代化、バブル経済の崩壊、リーマンショックといった事業環境の大きな変化が起こるたび、それに適応するため、顧客を変え、商品を変え、売り方を変え、組織や働き方などを変えながら進化してきたからです。
当然、その裏では従来のやり方に拘泥し自らを進化させることができなかった企業や進化をあきらめてしまった企業が数多く淘汰されてきました。

現在、生物界は地球最大規模の大量絶滅期にあるといわれています。地球環境が激変し生物の生活圏が荒らされたり壊されたり、人間によって乱獲されたりしていることが原因です。

ただ、大量絶滅期にあるという意味では、企業も同様ではないでしょうか。ＩＴ技術の急速な発展によって事業環境は目まぐるしく変わり、適応できる企業とそうでない企業を選別しようとしています。

この危機を乗り越え、生き残るための進化を促してくれるのが、他ならぬＤＸなのです。そして、ＤＸの目的は創造的に効率よく儲けることですので、逆に、儲けにつながらない取り組みは、ただのＩＴ活用といえるでしょう。

〝顧客選択〟が生き残る絶対条件

選択肢が増え続けるニーズ

DXの話に入る前に、企業が置かれている状況について、もう少し考えていきたいと思います。

現在、多くの企業の悩みの種とは、顧客ニーズの複雑化ではないでしょうか。多種多様な製品がつくられ、世の中にモノがあふれた結果、顧客ニーズは多様化、細分化されていきました。

モノが足りなかった時代であれば、生活を豊かにしてくれる商品が求められ、モノ自体の機能が価値とされたものです。高度経済成長期には、テレビや自動洗濯機、冷蔵庫が三種の神器と呼ばれましたし、ビデオデッキやカセットテープ、CDなど新しいモノが登場するたびに多くの人が競って購入しました。

しかし、消費が成熟した現在では、よほど画期的な商品を生み出さない限り、モノ自体の価値だけで買ってもらえることは少なくなっています。陶器づくりを体験してもらい、その楽しさの一端を味わってもらうことで陶器の購買意欲を喚起するといった「コト消費」が注目されているのも、こういった市場環境の変化が背景にあります。

また、モノを手に入れるといった〝消費に伴う行為〟に対する欲求も多様化しています。「百貨店など高級店でショッピングを楽しみたい」「仕事帰りに駅の近くで買い物をすませたい」「少々高くても家の近くで買いたい」「1円でも安く手に入れたい」「買い物に出かけるのは面倒だからネットショッピングですませたい」「誰も気づいていない掘り出し物を手に入れたい」など、人は欲求が一つ満たされると他の不満を埋めたくなる習性があるので、際限なく選択肢が増えていってしまうのです。

しかし、企業が生き残っていくには、多様化したニーズの中から顧客の心に響く正解を導き出し、数多くいる競合の中から自社を選んでもらわなければなりません。いわば、〝顧客選択＝顧客に選ばれること〟こそが、これからを勝ち抜く企業の絶対条件だといえます。

選ばれないと生き残れない

顧客選択の重要性は、生物の進化を紐解くことでも見えてきます。生物における進化とは、突然変異を繰り返しながら、元々備えていた特徴や形質が大きく変わっていく現象のことを指します。

例えば、大昔、ラクダの祖先は大型犬ほどのサイズしかなく、エサである柔らかい葉が豊富な森の中で暮らしていました。その背中にはラクダ最大の特徴であるコブもなかったそうです。

しかし、森には葉をエサにしている大型動物がたくさんいただけでなく、彼らをエサにする肉食動物も多かったため、体が小さかったラクダの祖先は森を追われることになってしまいました。

その中から砂漠での生活に適応したものだけがラクダへと進化していくことになったのです。ほとんどエサのない砂漠でも生きられるように大量の脂肪を蓄えておけるコブができ、足裏は砂地でも沈まないよう大きく平らになっていきました。ラクダのまつ毛が長いのは、砂が目に入るのを防ぐためだといいます。

ちなみに、森から逃げ出したラクダの祖先のうち高山生活に適応したものが、現在のリャマやアルパカに進化したそうです。

このように、生物は突然変異で多様化しながら結果的に環境に適応した特徴を持っていた種だけが生き残り、環境に適応しない特徴しか獲得できなかった種はすべて滅んでしまいました。

これを、「自然選択」といいます。

ビジネスに置き換えても同じことがいえます。例えば、小売業はモノとモノを交換することから始まり、通貨が流通し始めたことでお金を使ってモノを買う時代に突入します。

当初は、多くの事業者が個人商店を営んでいましたが、その中から大型量販店が現れ、お客様をとられた周辺の小さな商店はつぶれていきました。24時間いつでも買い物したいというニーズに応えてコンビニエンスストアが登場し、複数メーカーの商品を比べながら買いたいというニーズから特定商品に特化した専門店が誕生します。

その後もテレビショッピングやカタログ通販、近年ではフリマアプリや無人店舗など、突然変異を繰り返しながら新たな販売形態が登場する陰で、顧客が離れた既存店は消えていきます。

結局、事業環境の変化を乗り越えられたのは、その時々の顧客ニーズをとらえて進化し、顧客から選ばれたものだけなのです。

顧客は選ばないと、選んでもらえない

多様なニーズを知り、しぼりこむ

生物は、「こうなりたい」という意図を持って進化していたわけではないことを説明してきました。突然変異によって少しずつ変化していきますが、生き残れた理由はそのときの環境に適応した特徴を〝たまたま〟持っていたにすぎないからです。

私の想像ですが、砂漠に逃げたラクダの祖先の中には、コブを持たなかったものや、まつ毛が長くならなかったものなど、今のラクダとは違う方向へ突然変異していったものもいたはずです。しかし、それらは砂漠という過酷な環境に適応できず、いつのまにか淘汰されていき、現在に子孫を残すことはできませんでした。

しかし、ビジネスの場合〝たまたま〟という偶然に期待するわけにはいきません。これだけニーズが多様化し、数多くの競合としのぎを削らなければならない状況下で、顧客に見つけてもらうのをじっと待つなど、宝くじに当たるのを期待するようなものです。

例えば、あなたが野菜の販売を始めるときのことを考えてみましょう。顧客には「安い野菜を買いたい」という人がいれば、「産地直送で、生産者の顔が見える野菜を買いたい」「オーガニックの野菜を買いたい」「時間が無いからレシピ付きのカット野菜を買いたい」といったことを考える人もいるでしょう。

このような多様なニーズがある中では、「おいしい野菜です」と発信するだけでは、誰の心にも刺さりません。

そこで、「オーガニック野菜」を求める顧客にしぼって、「うちは、地域ナンバーワンのオーガニック野菜の専門店です」と伝えるとどうでしょう。そこでやっと、「この店を見てみよう」と振り向いてくれるようになるのではないでしょうか。

つまり、これまで以上に、顧客を選ばないと選んでもらえない時代なのです。とはいえ、顧客ターゲットを設定することは、もっとも難しいことだといえます。そこで次には、そのコツについて説明していきます。

顧客ターゲット設定の4条件

先日、息子と生物のドキュメンタリー番組を見ていたとき、ナレーターが、「生き物が生き残るためにもっとも大切な能力は、何をエサにするかという、エサを決める能力である」と話していました。

たしかに、エサはたくさんないといけないし、少しの天候の変化でなくなるものでは困ります。とはいえ、ライバルが多いエサを選ぶのもリスキーです。エサは体づくりの基本ですから十分に摂れないと強い体を維持できませんし、狩りの能力を高めることもできません。なるほど、何をエサにするかでサバイバルのレベルが変わると感じました。

これをビジネスに置き換え、エサとは顧客ターゲットのことだと考えれば、エサを選ぶ際の条件が見えてきます。

一つ目は、「市場規模」です。現時点で困っている人がたくさんいれば顧客になりうる分母が大きくなります。今後シュリンクしていく市場では困りますので、二つ目として「成長性」=困っている人が増えるかどうかも大切です。また、分母が大きくてもライバルの多い市場では、エサにありつける確率が下がるしリスクも高くなります。そのため、三つ目として、「競合の少なさ」は無視できない条件です。

この3条件が揃っていた場合でも、コストがかさんで利益を上げにくい事業しか望めないのであれば、体=企業を維持・強化することは困難になるため、「収益性」も重視すべきです。

このうちいくつの条件を満たしているかで、経営の難易度には相当な差が出てきます。まさに、エサを決めるところで、最初の勝負は決まっているといっても過言ではありません。

DXなら容易に顧客を個客化できる

これからの時代を生き抜くためには、選んだ顧客に対して最適な接客をしながら永続的に顧客に選ばれ続けなければなりません。そこで活用すべきなのが、DXです。現代人は常にスマホやパソコンを利用して、情報を探したり、買い物をしたり、ゲームや友達との会話を楽しんでいます。そのおかげで、アプリやウェブサイトなどからはさまざまな情報を収集できるようになっています。DXであれば、顧客のあらゆる情報を自動で収集・蓄積・分析して、購買意欲の高い顧客の見極めや個々の顧客への最適接客までを自動化することも可能です。

例えば、近年注目されている〝マーケティング・オートメーション・ツール（MA）〟がその一つです。これは、顧客のウェブサイトでの閲覧状況を自動で収集・分析して「スコアリング」することで、顧客の興味・関心度を数値化することができます。より重要なページを閲覧した顧客や高い頻度で何度も閲覧した顧客などは、ハイスコアとなり優先度の高い顧客としてピックアップされます。

また、顧客一人ひとりのスコアや属性、興味、趣味嗜好、行動履歴などに合わせ、あらかじめ設定した「接客シナリオ」に従って、メールやコンテンツを配信するなど最適な接客を自動化することができます。

他にも、ウェブサイトの閲覧情報に加えて、営業担当者が収集した顧客接客情報やコールセンターで収集したクレーム情報、顧客の購買履歴などをすべて一元化して、その膨大なビッグデータをＡＩが分析することで、特定の顧客に提案すべき商品や情報をピックアップする仕掛けも活用が進んでいます。

これはほんの一例ですが、ＩＴ技術を使えば、生き残るための絶対条件である顧客選択を容易に実現することができるわけです。

エサ＝顧客ターゲットを選ぶ条件

①	市場規模はあるか	＝	困っている人はたくさんいるか
②	成長性はあるか	＝	困っている人が今後も増えるか
③	競合は少ないか	＝	エサにありつける確率は高いか、命の危険はないか
④	収益性は十分あるか	＝	体を維持・強化するだけの栄養はあるか

スピードと的確な判断力なくして、企業は生き残れない時代に

事業スピードが差別化になる時代

〝顧客ニーズの複雑化〟とともに企業の悩みの種となっているのが、〝スピード〟と〝的確な経営判断〟をより高いレベルで求められるようになったことでしょう。今の日本の産業の多くは成熟期を迎えていて、競合も多く飽和状態にあります。

そこへきて、テクノロジーの発展やそれを推進するための規制緩和による新規参入の活発化、新型コロナの影響によるライフスタイルの変化などがあり、競争はかつてないほど激しくなっています。競合に打ち勝つためには、より迅速に、かつ的確に経営判断を行い、一歩でも半歩でも先を行くしかありません。

しかし、現在の組織風土や組織構造といった企業・事業のあり様が、この二つを阻害しているケースをよく目にします。例えば、一つのことを決定するまでに何度も稟議を通さなければならない組織構造など、その最たるものでしょう。特に、組織が巨大化、複雑化している大企業の場合は、その回数が多いだけでなく、広範囲にわたって事前の根回しが必要だったり、部署間の連携がとりにくいために無駄が多かったりしがちです。

また、市場環境が激変しているときは、新たな価値感での判断が必要になるため、多数決では正しい意思決定ができないことも予想されます。

特に、ITの世界では〝走りながら改善する〟ケースが増えており、その傾向が顕著です。完成形を100とするならば80ほどの完成度でリリースします。そこからユーザーの反応や声を製品開発にフィードバックしながらユーザーが望む方向へ質を高めることで満足度を向上させ、先にシェアを押さえる戦略が少なくないからです。このような競合を相手に、スピードをないがしろにするような戦略は得策とはいえません。

スピードは鮮度が命

組織が大きくなれば、別の弊害も出てきます。現場と意思決定者の距離が遠くなり、判断を下す人が現場の状況を正確に把握することが難しくなるからです。現場との距離が開けば、お客様も遠い存在になってしまい、顧客ニーズに即した経営判断も難しいものになるでしょう。重要な判断を下す際、その材料となる手元の資料が1ヵ月も2ヵ月も前のものでは、その間に状況が大きく変化している可能性もあり、致命的な判断ミスを招きかねません。

スピードが求められる事業環境において、的確な判断を下すためには、判断材料となる情報の鮮度や質も重要なポイントになってくるわけです。

このような課題解決にもDXは効果的です。例えば、営業会社であれば、現場で働く社員に紙やExcelで日報をつけさせ、その日の時間の使い方や行動内容、顧客との商談やプロジェクト状況といった情報を管理していると思います。

しかし、残念ながらその情報をタイムリーに戦略的に活用できている会社は多くありません。時間を掛けて毎日記録した鮮度の良い情報も、月単位で集計して会議で発表するだけに使われます。

ＤＸすることで、日報はスマホに向かって話すだけとなり、勤怠やスケジュール、ＧＰＳ情報と連動することで作成時間を大幅に圧縮。システムが自動でレポートを作成して上司や部下、関係部署に自動で配信。社内のＳＮＳでそのフィードバックをもらい、次の日には改善活動や新たな一手を進めることができるようになります。

つまり、ＤＸにより間接的な作業を大幅に削減して、新たに捻出した時間を顧客に使うようにするのです。

最近では、ＢＩ（ビジネス・インテリジェンス）ツールを活用して経営情報を見える化し、スピード経営に取り組む企業も増えてきました。ＢＩツールとは、企業の基幹システムに収集、生成された大量のデータを分析して、利用者が抽出・加工できるアプリケーションです。

システムの老朽化が企業の進化を妨げている

老朽化システムは、人材面、コスト面の負担大

売上管理や顧客管理のためなど、業務効率を高めるために企業がシステムを導入するようになってから数十年が経っています。初めの頃は、基幹システムを導入するために莫大な投資が必要だったこともあって、大企業を中心に進められていましたが、現在、こういった老朽化した基幹システムがＤＸの妨げになっています。

日本ではシステムを導入する際、自社の業務に合う形へと基幹システムをカスタマイズしたりフルスクラッチしたりしてきました。しかも、技術の進歩によって新しい機能やシステムが登場すると、家を建て増すように

増築を繰り返してきたのです。

これによってシステム構成が複雑になっていき、ブラックボックス化しているケースが少なくありません。なかには、担当者が入れ替わるうち、初期のシステムについてすべてを理解している人材がいなくなったという企業もあります。


こういった理由から、機能拡張や改修に時間とコストが余計にかかってしまい、事業推進や事業改善のスピード・柔軟性が大きく阻害されてしまっているのです。

また、社内の人材だけでは複雑化・巨大化したシステムの運用・保守をまかないきれず、多くの企業が月々多額の費用を払って外部に委託していますが、この負担も重くのしかかっています。

さらに、メインフレームやオフコンメーカーが、近年相次いでサポートの終了を発表しているため、その対策に追われている企業も少なくありません。

問題は他にもあります。これまで、ほとんどの企業が事業部門ごとにシステムを構築、導入してきました。営業部門には顧客管理や売上管理システム、経理部門には会計システム、製造部門には在庫管理システムといった具合です。

これらのシステムは独立していて連携がとれないケースが多いものです。例えば、在庫管理システムのデータを会計システムに取り込むため、在庫管理システムから出力したデータを会計システムへいちいち手入力していました。

業務効率を高めるために導入したシステムなのに、結局、人の手が介在しなければならないというのは滑稽な話ですが、レガシーシステムではそれが当たり前だったのです。

しかし、すでにお話ししたように現在は、各事業部門が蓄積したデータを関連付けて分析し、事業運営や経営に活用する時代です。

そのため、これからは独立していたシステム同士を連携させていく必要があり、そこにも新たな投資をしなければなりません。

このような問題をあらかじめ回避するためにも、これからＤＸに取り組む企業は、自社業務にシステムを合わせるよりも、汎用性が高く、安価に導入できるツール、ＳａａＳ型など機能拡張や改善の手間が必要ないシステムを導入して、ある程度システムに業務を合わせていく発想が必要かもしれません。

第二章

DX企画は9つのタイプで立案していく！

絶滅を避けたいなら、「生き残り方針」は必須

攻めか守りか、新規か既存か

ここまで、さまざまな角度からＤＸに取り組まなければならない理由を説明してきました。そこで次は、具体的なＤＸ企画を考える前段としての、「生き残る方針」の決め方についてお話しします。

なぜならば、多くの業種が絶滅危惧業種である現在、自社が置かれた環境を冷静に見極めることが大切になるからです。

そのためには、次ページにある図を参考にしてください。自社が、どのカテゴリーで生き残る道を探るのか、その方針を定めておくことは、ＤＸ企画を具体化する上で重要になってきます。

DX企画の4パターン「生き残り方針」

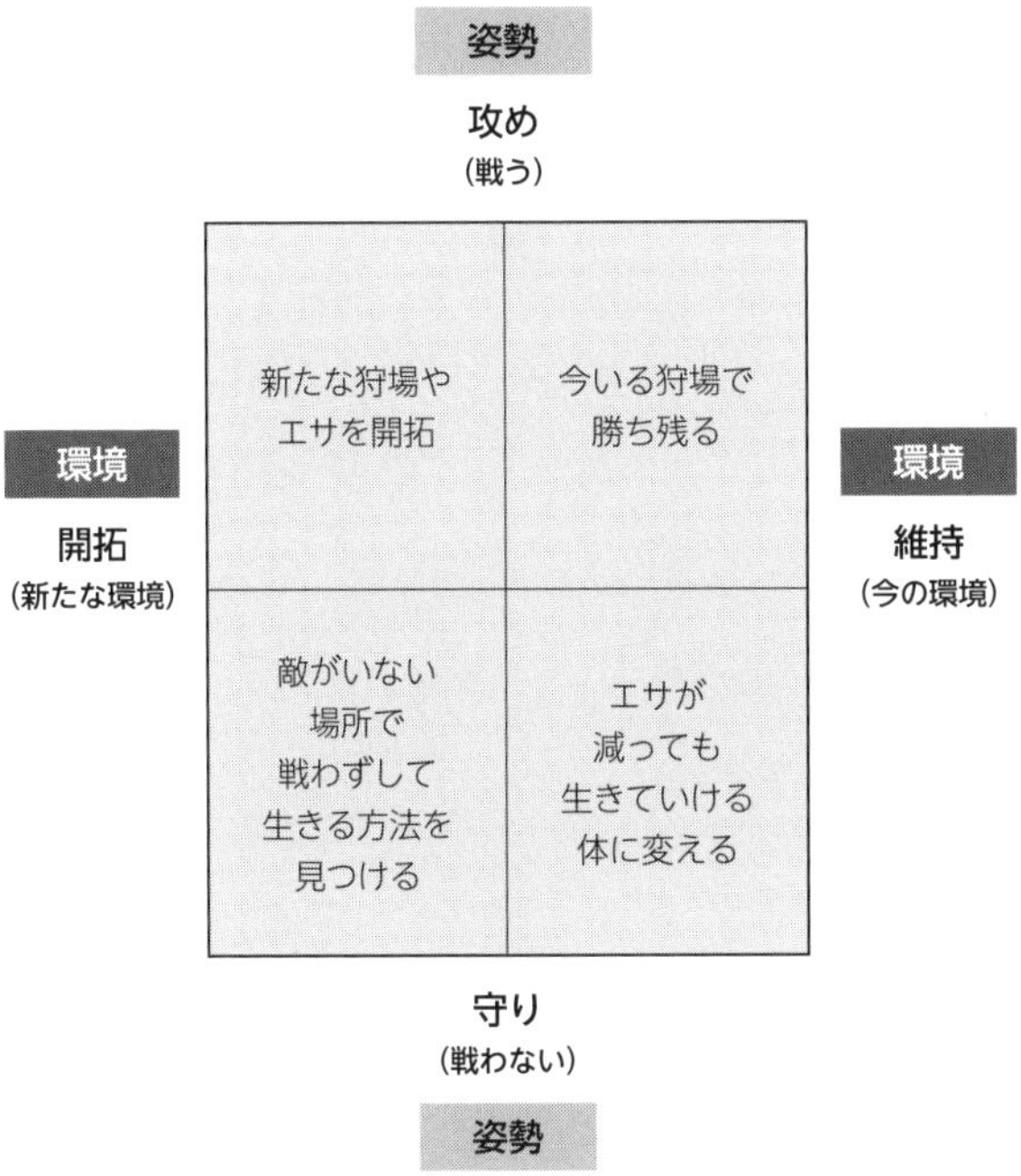

まず考えるべきポイントは、「姿勢」と「環境」の2軸です。

姿勢とは、より多くのエサを確保しにいくのか、限られたエサでも生きていける体になるのかということです。ビジネスでいえば、売上向上を目指すのか、コスト削減や効率化を図るのかということに置き換えられます。

環境というのは、新しい環境を開拓するのか、今いる環境で勝負するのかということです。新規開拓か既存の市場や事業領域で生き残る道を探るのかを検討する軸になります。この2軸を掛け合わせることで、生き残り方針は大きく四つに分類できます。

一つ目は、「新たな狩場やエサを開拓」、つまり売上を上げるために新たな市場や顧客を開拓するパターンです。

二つ目は、「今いる狩場で勝ち残る」道を探ります。既存市場や既存の事業領域で新規顧客を開拓する余地が残されている場合、リーチできていないエサを確保するために工夫するということですね。

三つ目は、「敵がいない場所で戦わずして生きる方法を見つける」パターン、いわゆるブルーオーシャン戦略です。ただ、情報が急速に広がっていく世の中ですから、いつまでも戦わずにエサにありつくのは困難だということも自覚しておく必要があります。

そして最後の四つ目が、「エサが減っても生きていける体に変える」パターンになります。業務効率化やコスト削減を進めることで利益を確保する方針ですね。

生物の進化の多くは、住む環境の変化やエサの種類、量の変化がきっかけになっています。例えば、キリンの祖先は首や脚がまだ短く、草原にある木の葉をエサにしていましたが、広い草原で暮らすことに適応しながら、首や脚が徐々に長くなっていきました。気候の変化で森が減り、そこで暮らしていた多くの生き物は草原に出てくるようになり、キリンのライバルや天敵が増えてきましたが、キリンは首が長い特徴のおかげで、ライバルが届かない高い木の葉を食べられることでエサを安定的に確保し、しゃがまないで水を飲めることで天敵に狙われる隙を減らして身を守ることに成功しました。地上付近の植物は、他の動物も食べるため競争が激しいですが、木の上にある葉を食べることができるのは、空を飛べる鳥類や木に登れる猿のような小型動物などに限られていたので、労せず大量のエサを確保できたわけです。まさに、今いる狩場で勝ち残るために首を伸ばす方向へ進化したパターンだといえます。

おそらく、キリンの祖先は草原から住む場所を変えることができなかったのでしょう。そして、ライバルが多く、限られたエサしかない草原で生き残るには、少しのエサですむ体になるか、草原で多くのエサを確保できる状況をつくるしかなかったのだと思います。ただ、食べる量を減らせば動きは鈍くなり、天敵から逃げきれません。結果、首を伸ばしていった祖先が生き残り、現在のキリンになったわけです。企業も生き残るための方針を決めれば、そのために何ができるのか、何をしなければならないのか、課題が見えてきます。その中のいずれをDXによって解決すれば効果的なのかを考えれば、おのずとDX企画も具体的なものになっていきます。それでは具体的なDX企画について解説します。

顧客接点&商品・サービスのDXで、顧客をつかむ武器を手に入れる

顧客接点か、商品自体か

ＤＸを考える上で、世の中の急速なデジタル化という環境変化を無視することはできません。

総務省が発表した「通信利用動向調査」によると、２０１９年時点ですでに家庭のモバイル端末保有割合は約96％に達し、そのうち83％超をスマートフォンが占めていました。この状況が、２０２０年から始まったコロナ禍によって加速していることは容易に想像できます。

外出自粛生活が長引いたことで、スマホを中心としたモバイル端末の保有率だけでなく、依存度も急激に高まっているはずです。これまでは電話やメールくらいでしかスマホを使わなかったが、初めてウーバーイーツを

利用し、その便利さを実感したという人も少なくないのではないでしょうか。来店客が期待できない状況に対応すべく、飲食店側もテイクアウトや通信販売を始めたところがかなり増えました。

この流れは飲食業界に限ったことではなく、衣食住から観光といった娯楽分野においてもＥＣサイトを開設する中小企業が続々と増加。この動きに呼応して、手軽、かつ安価にＥＣサイトを開設できるプラットフォームビジネスも普及してきています。

このようにあらゆる場所にＩＴ技術が導入されたことで、さまざまなデータが取得しやすくなっています。この利点を活かして、顧客との接点情報をデジタル化し、そのニーズを迅速に収集・分析して商品やサービスにフィードバックしたり、営業戦略を構築したりするＤＸタイプが「狩りのデジタル化」です。

また、商品やサービスそのものをデジタル化することによって、時間や場所にとらわれることなく、モバイル端末一つで利用できる仕組みを構築するのが「商品・サービス自体のデジタル化」タイプで、ＩＴ技術を活用してまったく新しい商品やサービスを生み出すのが「クリエイティブ」タイプになります。

「狩りのデジタル化」とは？

ＩＴが得意とするものの一つが、情報収集と分析です。有名な孫子の兵法「彼を知り己を知れば百戦殆《あや》うからず」の教えのように、ＩＴを活用して「顧客をよく知る」や「最適な接客をする」ことを効果的に実現するＤＸが、「狩りのデジタル化」です。

代表的なＤＸツールとして「ＣＲＭ」があります。ＣＲＭは顧客との関係を管理するツールです。顧客の基本的な情報から家族構成、Ｗｅｂサイトの閲覧履歴やカスタマーセンターでの問い合わせ情報、アプリなどのサービス利用履歴、営業担当者の接客履歴など顧客のあらゆる情報を一元管理することで、組織全体で顧客をよく知り、どのような接点でも最適な接客を実現するために活用されています。

最近では、クラウドを活用する飲食店や小売店、理美容店も増えてきました。これまで会計処理だけに使われていたレジをクラウドPOSにすることで、タイムリーに売れ筋商品を把握し最適な商品構成や商品開発にその情報を活かすことができます。店長が作成する日報も自動で作成できるため迅速に打ち手を展開することができます。店内で顧客がスマホからセルフ・オーダーする仕組みが広がることでメニューやキャンペーンの個別展開ができるようになり、さらなるDXが期待されます。

また、手書きの予約台帳からクラウド予約管理に変えることで、複数の予約サイトからの複雑な予約管理やクーポン処理を効率化できるようになりました。AIの予測を加えることで、もっとも費用対効果のある予約サイトの特定や席の空きを埋めるキャンペーンを早期に実施すること、さらには予約状況から最適なシフトを作成することができます。

法人営業分野では「SFA」を活用する企業も増えてきました。SFAは、顧客との初回商談から受注までの営業プロセスを細分化、可視化することで、営業活動をより細かく効果的に取り組むためのツールです。SFAを活用することで「売上目標を達成するためには何をすべきか」が明らかになり、属人的な営業からロジカルで組織的な営業チームに変革することが期待できるでしょう。最近では、クラウドの名刺管理と連携してSFAを最大活用する企業が増えています。

このように狩りのデジタル化は、売上を拡大するために攻めの姿勢で自らを進化させるパターンであり、生物に例えるとサイに似ています。

1500万年ほど前、サイは、丸い大きな体と短い脚を持つカバのような外見をしていて、水辺で半水生の生活をしていました。その頃はまだ角がなかったそうです。しかし、水辺には草食動物が集まり、それを狙った肉食獣も多くやってきます。危険を回避するために、たいていの草食動物は逃げるための能力を高めていきましたが、サイは戦う道を選びました。角を生やし、体重を倍に増やして、鎧のように硬い皮膚を手に入れたのです。サイのように、ITという武器を手に入れることで、積極的に顧客から情報を集めて活用し、ライバルとの戦いに勝って生き残る方針を立ててはいかがでしょうか。

「商品・サービス自体のデジタル化」タイプ

これは、文庫本をデジタル書籍化したり、わざわざ病院へ行かなくても診察を受けられるようオンライン化したりといったように、商品やサービスそのものをデジタル化するDXです。「オンライン○○」などと呼ばれているものも多く、これもコロナ禍の影響で急激に伸びています。

部屋の中に大勢集まることが難しくなったことで、セミナーや塾など、〝学習機会〟のオンライン化が進みました。部屋探しするときの内見をスマホでできるようにしたり、旅行やお出かけが楽しめなくなったため、バーチャルリアリティ(VR)技術を使って美術館や観光地の景色をオンラインで提供したりするサービスも広がりつつあります。

商品・サービスをデジタル化するメリットは、遠くの顧客にも商品・サービスを提供できる点です。これにより物理的な制約から解放され、顧客の数を一気に増やすことができるでしょう。また、そのデジタル化された商品・サービスから顧客の利用データの収集が容易になり、狩りのデジタル化も併用しやすいという利点があります。

距離の壁を飛び越える力というと、イルカのエコーロケーションを思い浮かべます。イルカは、暗い海の中でも、おでこから出した超音波の反射をキャッチすることで100メートルも離れた場所にあるエサを感知したり仲間の存在を確認したりできるそうです。

「クリエイティブ」タイプ

「あったらいいな」の世界をDXで実現するのが、クリエイティブタイプです。世の中にないものをヒラメキで生み出すため、難易度の高いDXといえます。しかし、発想方法のコツを押さえれば、ハードルはグッと下がります。

そのコツを一つ紹介します。

それは「叶えられない願望を、ITを活用することによって実現する」ことです。

例えば、時間と場所が合えば、会って話すことができますが、同じ場所に居られないときでも話したいという思いをかなえるために電話が生まれました。メールは、場所だけでなく時間までズレてもコミュニケーションがとれるように開発されたものです。しかし、本質的には大事な人とは顔を合わせて話したいものです。そこで、IT技術によって再現したのが、テレビ電話などの映像付きのコミュニケーション手段になります。ITを活用して「リアル」に近づくイメージです。


スマート冷蔵庫の発想も同じようなものです。昔、家庭をあずかる母親は、冷蔵庫の中にある食材やその賞味期限をすべて把握していました。だから、食材を無駄にすることなく、日々、子どもが好きな料理や家族の健康を考えた料理をつくることができたのです。しかし、目まぐるしく時間に追われている現代人は、家事にだけじっくり時間を使うゆとりを持ちにくくなっています。それでも、家族には体にいいもの、好きなものを出してあげたい――。そこで、食材の種類や賞味期限がデータ管理されていて、冷蔵庫の中の食材だけでできる料理のレシピを毎日提案してくれる冷蔵庫があったらいいなと妄想したのです。いずれは、家族の好みをＡＩが学習して自動でレシピを考えるだけでなく、足りない食材まで注文してくれるようになるかもしれません。

このように、昔はできていたものをＩＴ技術で再現できないかと妄想することで世の中にない商品やサービスを創造できるかもしれません。この発想は、誰も目をつけていない隙間を見つけて生き残る方法を手に入れたパンダに通ずるところがあります。パンダの祖先は肉食系でしたが、敵との争いが絶えず、そこから逃げるために草食系に変化。さらに、他の動物がほとんど食べようとしない笹を主食にできる体を手に入れることで、食べ物に困ることがなくなったからです。

収益化の方法やステークホルダーとの関係性を見直し、売上拡大を目指す

ズラすだけで売上は伸ばせる

現在の事業領域に伸びしろがあり、さらなる売上拡大が期待できるのであれば、「マネタイズ変更」や「プラットフォーム」タイプのＤＸがおススメです。知見のある領域で事業を深化させる方が、危険を冒して新規開拓するより手間もリスクも抑えられますからね。

しかし、当たり前のことですが既存の市場やビジネスにおいて、競合他社とまったく同じことをしていては勝ちなど望めません。多種多様な商品やサービスが世の中に出回り、選択権が顧客にある現在、何かしらの差別化ポイントを設けないと顧客に選んでもらえないからです。特に中小企業

やベンチャー企業の場合、大手企業と同じ土俵に立ってしまっては、資本力や人材の豊富さによって圧倒されかねません。

そこで重要になるのが、「お金のもらい方」をズラす「マネタイズ変更」タイプです。また、「プラットフォーム」タイプは、「立ち位置」をズラすことで市場を変えることなく見込顧客の母数を拡大できる他、新たな市場を創出することもできます。

「マネタイズ変更」タイプ

これは文字通り、ＤＸによって収益化の方法を変えるタイプです。その最たるものが「サブスクリプションモデル（サブスク）」で、近年はサブスクと相性のいい「ＳａａＳ」が急速な広がりをみせています。

少し前まで、ソフトウェアといえば、買い切り型が一般的でした。会計ソフトなどは毎年、もしくは会計基準が改訂されるごとに発売され、その都度、会社で稟議を通し予算を確保して導入していたものです。しかし、多少機能が追加・改善される程度で中身は前のバージョンとたいして変わっていないケースも多く、ソフトを丸ごと買い替えるのはコストと手間の無駄使いでした。バージョンアップした製品を社内のシステムにインストールしたら不具合が出てしまい、改善のために余計なコストがかかってしまったといったケースも発生しています。

こういったユーザーの不満や悩みを解決できるサービス形態として、ＳａａＳはとても理にかなっています。ユーザーは、インターネットにつながっているデジタル端末さえ用意すれば、自分のパソコンにソフトウェアをインストールすることなく、そのソフトが提供している機能を利用でき、更新や保守の必要もありません。利用する機能を絞ることでコストダウンも可能な上、常に最新バージョンを使えるというメリットもあります。

例えば、前述したＣＲＭやＳＦＡなどを特定の企業専用システムとして開発・導入しようとすると数千万円から数億円の投資が必要になるため、資金に余裕のある大企業にしか導入できませんでした。

しかしSaaS型のCRMやSFAを利用すると、初期費用はほとんど負担が無く、ユーザーは毎月数百円~数万円の利用料を支払うだけで利用が可能になりました。その結果、中堅・中小企業にも手が届くようになり市場は拡大しました。

しかも継続利用していくうちに企業がソフトウェアの良さを知り、利用する人数や機能を増やしていけば、LTV（顧客生涯価値）を向上させることにもつながるわけです。

ユーザー一人当たりに対する管理コストを削減できるため、少ない人的リソースでより多くのユーザーを維持管理できる点も、ベンチャーなど社員数が少ない企業にとってはありがたいポイントです。

このタイプを生物の進化に例えるなら、カエルでしょうか。おたまじゃくしの間は水の中で生活しやすいようエラ呼吸ですが、カエルに変態した後は陸上に上がるため肺呼吸に切り替わるからです。実は、カエルは環境適応力の高い生き物で、氷河期が終わり地上に多くの緑が戻ってくると木の上で暮らすカエルが出てきました。中にはおたまじゃくしを経ずに最初からカエルの姿で産まれてくる種もあります。カエルのように企業が事業形態やビジネスモデルを変更することは簡単ではないと思うかもしれませんが、ＩＴ技術を活用すれば、それほど難しいことではありません。

「プラットフォーム」タイプ

プラットフォームタイプとは、自分たちがルールの支配者になるためのＤＸです。メルカリをイメージするとわかりやすいでしょう。

フリーマーケットというリアルの世界で存在していた〝場〟に着目して、匿名で売買できる仕組みや商品が手元に届いてから入金される独自システムを構築することで、一般の人がスマホ一つで安全に売買できるフリーマーケットをデジタル空間に再現。新たな市場を生み出しました。

このように、リアルの世界にしかなかったサービスをデジタル化し、多くの人や企業が利用するプラットフォームを構築できれば、ベンチャーや中小企業であっても、市場を支配する圧倒的優位性を獲得できます。

プラットフォームタイプには、トップシェア企業がプラットフォーマーになるパターンもあります。顧客や取引先など多くのステークホルダーを巻き込んで生態系をつくってしまうのです。

楽天市場やＡｍａｚｏｎなどのように、自社のプラットフォームに中小の小売店やメーカーに出店してもらい、自社の販売網を利用してもらうモールも、このタイプの一例です。

プラットフォーマーは、自社に有利なルールをつくることができるため利益を上げやすいメリットがあり、市場環境の変化に対応しやすいという強みもあります。

少し乱暴な例えですが、ニーズが移り変わっていっても、出店している商品やサービスを入れ替えることで対応できるからです。

この関係性は、イソギンチャクとクマノミの共生に通じるところがあると思いませんか。クマノミは外敵から身を守るためにイソギンチャクの触手にある毒を利用しています。

一方、イソギンチャクはクマノミの排泄物を栄養源とする藻類の光合成によってできる生産物をもらうことで、クマノミが共生していないイソギンチャクよりも3倍速く成長するそうです。ただ、イソギンチャクにしてみれば、共生相手はクマノミに限ったわけではありません。カニやエビなど、多様な生物と共生しています。

環境に応じて共生する相手を使い分けているのかもしれません。

DXで手間やムダを取り除き、過酷な市場環境を生き残る

「省エネDX」タイプは企業を強くする

現在、DXといって真っ先に思い浮かぶのが、業務効率化ではないでしょうか。自動化などを駆使して無駄や手間を削ぎ落とし効率化を図るDXは、取り組みやすく効果を実感しやすいというメリットがあるからです。

例えば、大企業の下請けをしている企業の場合、市場がシュリンクしていても、簡単に事業領域や事業内容を転換できないものです。また、長年取引をしてきたステークホルダーとの関係を断つことができず、その地を離れられないという場合も同様でしょう。このように自分たちで何とかしたくても身動きがとれない、とりにくい企業は、同じ売上でも利益を上げられる事業構造を目指すしかありません。

そんなときこそ「省エネDX」タイプが効果的です。販売や会計、人事などの散在する業務システムの統合や自動連携をすることで間接業務を減らすことや、WEBやアプリなどのデジタルな顧客接点を強化する一方でリアル店舗や人的接点を削減することで固定費を大幅圧縮するなど、売上を拡大せずとも利益を上げる方法はたくさんあります。

もう一つ、自動化というキーワードで最近よく耳にする「RPA」についても説明しておきましょう。簡単にいえば、パソコンを使って行っている事務作業の一部を自動化できるソフトウェアロボットのことです。工場などで活躍している産業用ロボットのホワイトカラー版だと思ってください。といっても、人の代わりにロボットがキーボードをたたいてくれるわけではありません。例えば、営業事務の場合、顧客からメールで送られてきた発注書をコピー&ペーストで受発注システムに入力していませんか。また、競合製品の価格をインターネットで検索してExcelで管理している人もいるのではないでしょうか。このような反復性が高く、生産性の低い業務を自動化できれば、業務効率が高まるだけでなく、人為的なミスを防ぐこともできます。

ＲＰＡはＡＩなどと違い、高度な処理を自動化することはできませんが、システムを導入してしまえば、ＩＴに関する知識があまりなくても使えるため、徐々に導入企業が増加しているツールです。

「省エネ」タイプのＤＸを生物に例えるならナマケモノ以外に考えられません。彼らの祖先は、体長は最大６メートル・体重３トンの強靭な肉体と鋭い爪をもちあわせ堂々と地上で生活していました。それが今では１日中、木の上でぶら下がって過ごす「怠け者」に進化をしました。ナマケモノは、葉っぱ１枚で何日も生きることができるといいます。そのくらいエネルギー消費量が少ない体に進化しているのです。血管網が前腕部にいきわたるようになっていて、筋肉を冷やすことでエネルギー消費を抑えています。しかも、筋線維がゆっくり収縮するため消費エネルギーが少ないにもかかわらず持久力はピカイチです。葉っぱ１枚で何日ももつのは消化速度が非常に遅いから。1回の食事量はわずか10g程度ですが、消化するのに10日以上もかかるといいます。

もし、ナマケモノほど燃費のいい事業構造を企業が手に入れることができたなら、どれほど過酷な事業環境下でもしっかり利益を確保できること間違いなしです。

「改善のECRS」で、省エネDX企画を検討する

省エネDXは他にもいろいろあり、自社に最適なものを見出すのは、思っているほど簡単ではありません。そこで、昔から日本的経営に活用されている「改善のECRS」を例に省エネDXのコツをお伝えします。

「改善のECRS」とは、「E＝排除」「C＝結合」「R＝再配置」「S＝単純化」の視点から改善箇所を洗い出す業務改善のフレームワークで、E⇓C⇓R⇓Sの順で検討することによって大きな効果が期待できます。

最初に考えることは、「その業務はなくせないか」です。例えば、会議を行うとき議事録を作成していませんか。そのために、担当者は会議終了後にICレコーダーなどで録音した音声を文字に起こし、議事録化するという作業をしているのではないでしょうか。

この作業は、言語系AIを活用した自動音声テキストデータ化ツールを使うことでなくすことができます。また、越境ECなどECサイトやWebサイトを外国向けに公開している場合も自動翻訳ツールを使うことで、さほど苦労せずに多言語対応が可能です。最近注目されているテレワークは通勤をなくすという省エネDXといえるでしょう。

2番目に検討すべきなのが、二つ以上のものを一緒に（一つに）まとめられないかという視点です。部署ごとに独立していた業務システムを統合・連携すれば、システムからシステムへ情報を移す際の再入力という手間が省けます。

同じ顧客に複数事業部が別々に営業しているケースがありますが、

ＣＲＭやＳＦＡを活用して顧客や営業に関する情報を統合すれば、より戦略的に顧客を攻められるようになるはずです。最近では、クラウドの名刺管理システムを活用することで、顧客情報を簡単に共有できるようになりました。

３番目の「再配置」とは、業務プロセス全体を俯瞰し業務手順や担当部署を入れ替えることで全体最適を目指す視点です。省エネＤＸでいうなら、クラウドソーシングを活用して社員の手間を軽減するといった方法がこれにあたります。

そして最後が「単純化」です。ＩＴ技術を活用して、より簡単にできる方法を探る視点ですね。先ほど紹介したＲＰＡや産業用ロボットによって単純作業を自動化したり、複数システムを連携させて転記などの手作業を無くしたりすることも、この一例といえます。ＥＣＲＳの手順でムダを洗い出していけば、効率的に省エネＤＸを実現できるはずです。ぜひ、試してみてください。

改善のECRS

E（排除）	本当に、その手間は必要かという視点からなくせる業務を探す
C（結合）	一つのシステムに統合できるものがないかという視点でムダを探す
R（再配置）	全体最適の視点で業務プロセスを見直す
S（単純化）	もっと簡単にできないかという視点で自動化できる作業を探す

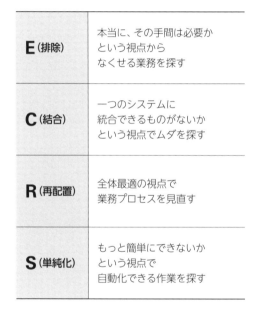

コスト削減やクレームへの対応力が強い組織をつくる

前述3パターンとの相乗効果も期待

省エネDX以外にも企業の地力を高めるものはあります。意思決定のスピードを高める「組織のスピードアップ」タイプや、市場ニーズを迅速に開発や品揃えにフィードバックする「開発力・品揃えの最適化」タイプ、組織改善力を高める「組織学習力の向上」タイプです。

「省エネDX」タイプも加えたこれら4パターンは、シュリンクしていく市場でも利益を維持・拡大する手段、いわば〝守りのDX〟といえます。このDXに取り組むだけでも効果が期待できますが、すでに紹介した〝攻めのDX〟3パターンと組み合わせることでより大きな利益拡大につながるため、事業環境に影響されにくい〝強い企業〟をつくるためにも、ぜひ取り組んでほしいと思います。

「組織のスピードアップ」タイプ

第一章でも説明した通り、現代は事業スピードがビジネスを有利にするための武器になる時代です。業務の自動化や統合、バックオフィスの効率化を進めることで意思決定のスピードを早めることが、そのまま時流をとらえて事業を安定化させることにつながります。

では、組織のスピードを上げるためには何が必要でしょうか。それは、意思決定に必要な情報を集めて一元管理することと、管理した情報を必要な人が、必要なときに閲覧できるよう〝見える化〟することです。

例えば、新たなプロジェクトチームを立ち上げる際、社員のキャリアや能力が一元化されていてひと目で最適なメンバーを見つけられる環境を考えてください。迅速、かつ的確なチームを編成することができるはずです。

ＡＩが社員同士の相性を分析して、最適なチームを提案してくれる日も、そう遠くはない未来だと思います。

メーカーであれば、注文状況や在庫、原材料の調達状況、生産ラインの稼働状況などの情報を一元管理できていれば突発的な大型発注がきたとしても速やかに、そして適切に対処ができるはずです。

また、AIが活用されるようになれば、過去の注文状況に加えて、天候、メディア、SNSなど、顧客の消費活動に影響を与える大量のデータから注文量を予測できるようになることで、さらなるスピードアップも期待できます。

他にも、社員のタスクやスケジュールを一元管理することも有用です。社員一人ひとりが〝しなければならない仕事〟を可視化して、優先順位をつけることで、全体の業務時間を短縮するだけでなく、業務の質を高めることにもつながります。さらに、社内の情報共有化に役立つグループウェアツールなどを使って、チームメンバーのスケジュールや、仕事の進捗状況を共有できる環境をつくっておけば、いざというときのトラブルなどへの対応もしやすくなるでしょう。

速く走ることに特化して進化した動物というと、馬がいます。かつて森の中で暮らしていたときは凸凹した地面を歩きやすいよう前脚は4本指、後ろ脚は3本指だったそうですが、気候が乾燥して森が減り見晴らしのいい平原で暮らすようになったことで天敵から逃げるために体を進化させました。広大な草原を速く走るために脚が長くなり、力を一点に集中して地面を力強く蹴れるよう指も1本になったのだといいます。

「開発力・品揃えの最適化」タイプ

市場ニーズや顧客の動向を迅速に商品開発や売り場の品揃えへ反映するDXが、「開発力・品揃えの最適化」タイプです。顧客選択が企業生き残りの重要な要素となったことで、マーケットインの製品開発力の重要性が増しており、近年では、より進んだカスタマーインという考え方も広がりつつあります。狩りのデジタル化で触れたように、顧客接点のＤＸによって顧客一人ひとりの具体的な情報を大量に取得できるようになったことで、一人ひとりのニーズに対応した商品やサービスを最適な接客で提供するという考え方です。

先ほど説明したクラウドＰＯＳを導入することで品揃えを最適化し、機会損失や余剰在庫、廃棄ロスを防ぐ取り組みも含まれます。

近年はＳＤＧｓの観点から、企業イメージを損なわないためにも品揃えの最適化の重要性が非常に高まっています。そのため、大企業では多額の投資を行い、ＰＯＳデータに加えて、店舗周辺の人口分布や曜日、時間帯、天候などのカテゴライズされた利用者情報、周辺で行われるイベント情報、ＳＮＳで収集した口コミ情報などをビッグデータ化してＡＩによって分析することで、精度の高い需要予測を実現。販売戦略から効率的な物流網の構築、商品構成、店舗の棚割、商品開発などに役立てているところもあるくらいです。

無人店舗など近年注目されているスマートストアも、実は購買情報の収集と活用において大きな力を発揮すると期待されています。キャッシュレス決済をするために登録している顧客情報と購入品目の情報を組み合わせることで、「誰が、いつ、どこで、どのように、何を購入したのか」を簡単に把握できるからです。その情報からタイムリーに商品を陳列する場所や価格を変更することや、個別の顧客に対してキャンペーンを展開することができるようになります。セキュリティのために設置している店内モニター画像を解析すれば、店内での動線や動作、表情など顧客のより詳しい情報を入手することもできます。これまでスーパーの店長やバイヤー、商品開発担当者が、属人的な感性で判断していた業務を、デジタル化による情報の収集と活用で、商品開発やマーチャンダイジングをより最適化することができるでしょう。

最近では商品パッケージのデザイン画像をＡＩが分析してより売れるデザインを選定する取り組みも進められています。

状況に合わせて体の色を変える＝最適化させる生物というとカメレオ

ンを思い浮かべるかもしれません。しかし、研究によってカメレオンは周りの色に合わせて体の色を変えているわけではなく、心理状態や温度、光、湿度によって変わることがわかってきました。

一方、敵から身を守るために体の色や形を変えられる代表選手がタコです。その皮膚には色素細胞と虹色素胞が層になっていて、皮膚を伸ばしたり縮めたりすることで色を変えるそうです。しかも、タコは細胞一つひとつの動きをコントロールできるため、体の形を大きく変化させて、海底の砂地やサンゴ礁の一部であるかのように擬態できるのだといいます。

「組織学習力の向上」タイプ

クレームは宝の山だという経営者がいます。事実、クレームで指摘されたことを改善し続けることで、商品やサービスの質を高め、売上増を実現している企業は少なくありません。その一方で、たった一つのクレームがSNSの口コミによって不買運動や株価急落に発展するケースもあります。

今後はクルマの自動運転や遠隔手術など、命の危険が伴う領域の機械化も進んでいくはずです。そうなると、企業が負担すべきリスクや社会的責任は、これまで以上に重いものになっていきます。

企業としては、そのような事態を引き起こさないためにも、顧客からの問い合わせやクレームを、素早く開発や製造へフィードバックできる仕組みを持つことが大切になってきます。

一つの例としては、原材料や部品の調達から加工、流通、販売までどのような経路を辿ったのか製品単位で追跡できるようにしておき（トレーサビリティ）、問題が発生したところを素早く特定して改善できる体制を整えておく必要があるでしょう。

このように組織が学び、改善する力をデジタル技術でサポートするのが「組織学習力の向上」タイプのＤＸです。

最近では、ＩＣタグを製品などに埋め込んでそこから大量のデータを収集・分析することによってＡＩが異常を察知し、製造工程や物流などサプライチェーンにフィードバックを行う取り組みも増えています。

例えば、ドローンにICタグを埋め込み、異常な飛行をした製品を特定して原因を分析。瞬時に製造工程へフィードバックすることで、異常飛行を起こさない環境を常に維持するといった具合です。万が一、ドローンが落下して、人の頭にでもあたってしまったら大変なことになります。このように、最悪な状況を予防するためにテクノロジーが活用されています。最近では、畑の土にICタグを埋め込んで最適な土壌づくりを目指すスマートアグリ分野も注目されています。

情報共有の達人というと、ハチが思い浮かびます。ハチは一匹が蜜を発見すると巣に戻り、仲間たちに蜜の場所を8の字にダンスを踊り伝えるそうです。太陽に対する角度で「方向」を、おしりを振るリズム=音を出す長さで「距離」を、そして踊る時間で「蜜の質」を表現するといいます。

この情報共有力の高さとその後、一斉に蜜獲得へと動く集団の行動力の高さには感心するばかりです。

企業規模とありがちな課題から取り組むべきDXを探す

規模が小さいうちは儲ける術に磨きをかける

9つのタイプによってどのようなDX企画があるのか知っていただきましたので、次は、自社の従業員数や抱えている問題・課題などによって検討すべきDX企画を探すポイントを紹介していきたいと思います。

86～87ページの表にある通り、企業には従業員数や成長ステージに応じてぶつかりがちな問題・課題というものがあります。そこでまずは、従業員数5名～30名規模からみていきたいと思います。

ベンチャー企業をはじめ、小規模の会社は、隙間でビジネスをすることになります。みんな気づいているが手を出しづらい市場や見落としている市場に価値をつくって圧倒的1位になることでしか、下克上はできませんからね。大企業が熾烈な競争を展開している市場へ安易に乗り込んでも潰されてしまうだけです。

また、この規模のクラスは、安定してキャッシュの出る事業を確立することも大切です。例えば、ヒット商品が出たり受注が集中したりして一時的に売上が伸びたとしても、次が続かなければ数ヵ月、数年で経営が立ちいかなくなってしまいます。

顧客の多様なニーズに対応しながら売上を積み上げて安定化させることは重要です。そのためにはニーズをとらえた商品・サービスの開発・品揃えはもちろん、営業や販売の勝ちパターンを見つけて、その再現性を高めていくことが欠かせません。

こういった課題に効果的なDXというと、「より多くのエサを確保するために新たな狩場を開拓する」パターンと、「より多くのエサを確保するために今いる狩場で工夫する」パターンです。狩りのデジタル化で顧客ニーズを細かく、かつ迅速に把握できれば、営業・販売の勝ちパターンを構築しやすくなりますし、再現性も向上します。売れる商品を開発するためにも、顧客ニーズを詳細につかむことは欠かせません。その情報を基に、商品・サービスのデジタル化やクリエイティブによって〝売れる商品づくり〟を強化するのもいいでしょう。

長年、少数精鋭体制で事業を継続してきたので商品力には自信があるというのであれば、マネタイズ変更によって時流に適応した販売方法を加えてはいかがでしょうか。

販売チャネルを広げることによって売上がより安定するだけでなく、さらなる売上増が期待できるかもしれません。近年は、ＥＣサイトを簡単に立ち上げたり、海外のＥＣモールに出店できるサービスも誕生しており、以前よりコスト面、人材面でのハードルが低くなっているので、規模が小さい会社であっても検討に値する戦略だと思います。

従業員数が30名を超えて１００名くらいになると、機能別に業務の分担を進め、ある程度の仕組みやルールで回る組織づくりを進める必要があります。しかし、まだ全員の顔や人となりを経営者が把握できる規模なので情報伝達や意思疎通という点では、それほど深刻な状況ではありません。業務システムを導入すれば便利になるのは間違いありませんが、資金的なゆとりと相談しながら判断すればいいでしょう。

それよりも、人材活用やマニュアル活用で商品やサービスの品質向上を目指すほうが、優先度は高いといえます。このステージでおススメするDXは「組織学習力の向上」タイプです。例えば、お客様からの声やクレームを収集して素早く業務改善に活用するなど、売上を拡大する一方で商品・サービスの品質を維持向上する仕組みを構築する必要があります。また、このステージではバックオフィス部門を新設するタイミングでもあるため「省エネ」タイプもおススメです。

組織が大きくなったらコスト減に注力

従業員が100名を超えて300名に近づいてくると、分業化も進み、組織はさらに複雑になっていきます。経営層が現場の状況を把握しづらくなるのもこのステージからなので、複数ある社内システムの統合やＢＩツールを活用した「経営の見える化」に着手することがいいでしょう。

このステージでは、営業拠点や製品のバリエーションを増やすことで成長するケースが多いため、「組織学習力の向上」や「開発力、品揃えの最適化」タイプのＤＸで体制を強化してみてはいかがでしょうか。

また、人材の入れ替わりや仕事の多様化が進みますので、人材採用や労務管理、人事情報の見える化、モチベーション管理、タレントマネジメントなどＨＲテック系のクラウドサービスの活用も検討が必要です。

経営環境によっては、「今の狩場でエサが減っても生きていけるように体を変える」ＤＸを、本気で検討する必要があります。

縦にも横にも組織が大きくなってくると、権限を現場へ委譲していく必要もあるため、マネジャーやリーダーの育成や配置を進めるとともに、彼らがマネジメントしやすいようなスケジュールやプロジェクト管理、タスク管理などのツールの導入も検討すべきです。

また、事業と組織が大きくなるにつれて、管理部門の人数も増えているはずです。この規模になると、そろそろ単一の主力事業だけでは会社を支えきれなくなってきているのではないでしょうか。次のステージに進む前に、新規事業の開発に着手することをおススメいたします。

従業員数が300名から500名くらいになると複数の事業を経営するステージに入ります。これまで会社を支えてきた主力事業の収益性が悪化するなど、既存事業のテコ入れや新たな収益事業をつくる必要があります。まずは、既存事業の意思決定を最適化するために、「経営の見える化」を進めましょう。売上を増やすために「狩りのデジタル化」を検討することもよいでしょう。

新規事業を企画する際には、既存事業での強みを活かして「商品・サービスのデジタル化」や「マネタイズ変更」、「プラットフォーム」タイプのDXにチャレンジすることも面白いかもしれません。

組織が拡大して複雑になると、規模が小さかった時代には当たり前にできていたことができなくなるケースが多いものです。もし、そのような現象が起こった場合は、「スピードアップ」や「組織学習力」タイプのＤＸを検討するとよいでしょう。組織の肥大化で分断された情報を統合し、誰でもアクセスできる環境をつくることで、「鈍感」になってしまった組織に神経を通して、「敏感な組織」に生まれ変わることに挑戦してみてはいかがでしょうか。

また、このステージでは、「複数の部署でまったく同じ業務をしている」や「属人的な手作業の業務が残っていて非効率」といったことがよくあります。このような業務は、組織全体で集約することや、ＲＰＡやクラウドを活用した自動化などによって無駄な業務を削り、捻出した時間や労力を、価値を生み出す業務へ振り分けることで、より生産性の高い組織をつくることができるようになると考えられます。

このように、９つのＤＸタイプの特徴と、自社の規模や成長ステージに応じて必要となるＤＸを組み合わせることで、無駄なＤＸや効果が期待できないＤＸに投資してしまうリスクを軽減できます。

優先課題	DXポイント	推奨DXタイプ
・顧客と商品の ピント合わせ ・営業の再現性を高める	・時流に合った 事業をつくる ・営業力、商品力の向上	・狩りのデジタル化 ・商品、サービスの デジタル化 ・クリエイティブ ・マネタイズ変更 ・プラットフォーム
・品質・人材育成の再現性 ・横（拠点・セグメント） 展開で成長 ・業務システムの構築	・人材と仕組みで 品質を維持向上 ・間接部門や 仕組みの最適化	・狩りのデジタル化 ・組織学習力の向上 ・省エネ
・情報の統合、見える化 ・事業管理システムの構築 ・新たな収益事業の 企画開発着手	・情報の統合、活用で 俊敏経営 ・組織全体の 生産性向上	・組織学習力の向上 ・開発力、品揃えの最適化 ・省エネ
・新規事業の立ち上げ ・多様な事業で拡大 ・複数事業のマネジメント	・既存事業のテコ入れ ・新しい収益事業を つくる、柱にする	・スピードアップ ・組織学習力の向上 ・商品、サービスの デジタル化 ・マネタイズ変更 ・プラットフォーム

事業ステージ別のDXポイントと推奨DXタイプ

従業員数	ステージ	よくある問題
5名〜30名	・営業集中で売上、キャッシュを獲得 ・ワンマンを活かした組織	・事業や商品が定まらない ・売上が安定しない ・資金が枯渇する
30名〜100名	・縦（階層）と横（部署）の組織成長 ・仕組みやルールで安定運営	・品質が安定せずクレーム多発 ・マネジャーが育たない ・現場スタッフが定着しない
100名〜300名	・情報の統合、共有で効率化 ・間接業務の効率化	・組織の柔軟性が低下 ・組織内の連携が不十分 ・不採算事業ができる
300名〜500名	・組織の総合力で勝負する ・事業の入れ替え	・新たな事業や商品が生まれない ・イノベーションが起きない ・考えない社員が増える

新たな事業を開発したら、ビジネスモデル特許の取得を忘れずに

特許を武器にビジネスを飛躍させる

クリエイティブタイプのＤＸに取り組むなど、新しい商品・サービスを生み出したときは、ぜひ、ビジネスモデル特許の取得をおススメします。取得するメリットの第一は、何といっても特許を取得することで他社に対して優位性を持ってビジネスできる点です。他社が同じビジネスモデルで参入してきたとしても、特許として押さえている部分については真似することができず、お客様に提供できる価値や満足度という点でアドバンテージを確保できます。

また、特許を取得しておけば、対象となる技術をハブにして他社と協業

することができます。ベンチャー企業など規模が小さく販売チャネルや顧客ネットワークをあまり持っていない場合、それを保有する大企業と連携することで売上を一気に拡大できるかもしれません。

ライセンス契約の条件など連携する際の取り決めを自社でコントロールできれば、戦略的にオープンイノベーションを進めることも可能です。特許技術は企業の信用にもつながり、資金調達やM&Aを有利に運ぶことができます。

ただし、ビジネスモデル特許といっても、ビジネスモデルそのものは特許の対象にはなりませんので注意してください。

ビジネスモデル特許とは、クラウドサービスやアプリ、サーバーの処理方法など、ITやテクノロジーを利用したビジネスにおいて不可欠な〝技術的な仕組み〟を特許で押さえることで、間接的にビジネスモデルを独占できるものだからです。

プレリリースでも特許が取れなくなる

ビジネスモデル特許を取得するには、「新規性」などいくつかの条件があります。「新規性」とは「公開されていないこと、公知・公用となっていないこと」を意味します。ベンチャー企業などは特許を出願する前に、新サービスをプレリリースして公開するケースがよくありますが、公開してしまうと「新規性」を喪失してしまい、原則として特許を取得できなくなってしまうので注意が必要です。

私も、ここ2~3年で30件以上のビジネスモデル特許を発明してきましたが、その中に「名刺スカウター」というものがあります（特許第6566460号）。これは、例えば、営業担当者が提案相手と名刺交換した際に、名刺情報から営業上の親和性（相性や受注確度など）をスコア化して営業担当者にフィードバックし営業活動をサポートすることや、営業担当者が集めた名刺情報から人脈をスコア化して人事評価に活かすことができるサービスです。

ビジネスを企画しただけでは特許の対象とならないため「名刺スカウター」のビジネスモデルは独占できません。

「名刺情報をどのように取得し、どのようなデータベースの構造で情報を蓄え、どのようなロジックでスコアリングを行い、どのようなデザインのＷＥＢやアプリのページでユーザーに使ってもらうか」など、技術的な仕組みまで具体化しなければならないわけです。

そこで、まずはビジネスモデルを描き、そのビジネスモデルを実現するために必要な要所を「技術的な仕組み」に具体化して特許を取得し、間接的にビジネスモデルの独占を実現することが重要なのです。

私はこの過程を「特許企画」と呼んでいます。「名刺スカウター」の他にも「オンライン商談をリアルタイムで支援するＡＩ営業」や「自動で経営計画を作成するＡＩ計画作成」「自動で計画と実績を管理するマネジメント・オートメーション」などの特許を取得していますが、特許企画についてはまた別の機会に紹介したいと思います。

ＤＸを実現する、おススメのソリューション

企業規模や用途で選べる製品が充実

ＤＸを検討する上で、どのようなソリューションがあるのかわかっていた方が、より具体的な計画を立てやすくなります。

そこで、ここではＤＸを実現するための代表的なソリューションをいくつか紹介しましょう。

【セールスフォース・ドットコム】

セールスフォース・ドットコムのサービスは、すべてインターネット経由で提供されるクラウド型のビジネスアプリケーションです。

顧客関係管理（ＣＲＭ）や営業支援（ＳＦＡ）、マーケティング・オートメー

ション・ツールなどの機能を核として、中小・中堅から大手企業まであらゆる業種業態のＤＸの実現をサポート。１９９９年にサンフランシスコで設立され、現在では15万社以上の企業で利用されているなど、世界トップレベルのシェアを獲得しています。

【ウイングアーク1st】

帳票基盤ソリューション「ＳＶＦ」やＢＩ・データ活用ソリューション「Ｄｒ．Ｓｕｍ」など企業向けソフトウェアを開発・販売しています。

ＳＶＦは２６０００社以上の導入実績（累積社数）を誇り、国内帳票ソフトウェア市場において7割近いシェアを獲得。「Ｄｒ．Ｓｕｍ」も約６４００社に採用されています。

【LANDSCAPE】

独自に構築した法人データベース「ＬＢＣ」をもとに、企業の顧客開拓や育成、マーケティング、業務改善を支援する会社です。

日本全国820万拠点の事業所データ＋9500万件の消費者データという日本最大級のデータベースによって、業種・業態を問わず、データドリブンマーケティングの支援やCRM戦略立案をサポートしてくれます。最近では名刺管理サービスの提供も始めています。

【リブ・コンサルティング】

リブ・コンサルティングは、ベンチャー企業や中堅大企業向けに新規事業や営業DX、製造DXなどを支援する戦略系コンサルティング会社です。コンサルティング対象も特定部門に限定することなく、クライアント企業が抱える経営の根本課題に向き合い、業績やCIS、人材育成などのレベルを総合的に高めていくコンサルティングを実践。近年多くの企業において課題となっているDXについても、多くの実績を持っています。

【OBC】

オービックビジネスコンサルタントは会計ソフトウェアメーカーで、主力製品となっているのが、「奉行」シリーズです。

初心者でも使いやすい設計・UIとなっているだけでなく、機能が充実しているのも特徴。ソフトウェア版とクラウド対応版があり、機能やランニングコスト、用途に応じて選ぶことができます。

「勘定奉行」は導入シェア1位であり、近年ニーズが高まっている経理部門のテレワークにも対応しています。

【弥生】

会計ソフトの定番として広く知られている「弥生会計」を開発・販売している会社です。操作が簡単で税理士の間でも広く利用されているため、導入しやすく、多くの企業で採用されています。

従来のソフトウェア製品に加え、クラウド版もあるので使い勝手に合わせて選ぶことができます。

【ｆｒｅｅｅ】

個人事業主から中小中堅企業向けのクラウド会計ソフトです。経理部門に十分なリソースを割けない法人の場合、経理・会計処理に費やす労力を大きく削減できます。

会計処理を手作業で行う人も少なくありませんが、ｆｒｅｅｅなら銀行の入出金データを取り込めるだけでなく、自動で仕分けまで行ってくれます。レシートの写真を撮影するだけで、画像を解析して、文字をデータ化してくれます。

【ＲＰＡソリューションズ】

ＲＰＡソリューションズは、リリースから1年半で350社に導入されたＲＰＡシステム「ＥｚＲｏｂｏｔ」を開発・展開しています。

最大の特徴は簡単にＲＰＡを導入できることです。所定のＥｘｃｅｌシートにデータを入力するだけで業務ソフトやクラウドサービスに自動でコピー、集計などができるようになります。テレビ電話やチャットを通じた充実のサポート体制があり、ITスキルに自信がなくてもDX化を推進することが可能です。現在のところ、士業や中小企業を中心に採用企業が増えています。

【USEN】

有線放送サービスを提供するUSEN（USEN-NEXT GROUP）は、飲食店、理美容院、小売店、整体院それぞれに特化したPOSレジアプリ「Uレジ」を展開しています。店舗経営といっても、業種ごとにオペレーションや経営指標に関わるデータの分析手法はそれぞれです。そこで、業種に特化したアプリを開発することで、必要十分な機能とシンプルで使いやすい操作性を両立。多くの店舗で採用されています。

【サインド】

美容業界でもっとも利用されている予約・管理パッケージシステム「BeautyMerit」を開発・販売している会社です。このサービスは、複数の集客・予約サイトからの予約管理を一元化して、ＳＮＳやホームページに設置できる自社予約システムやアプリ内ＥＣ機能、利用者のカルテのデータ化など、サロン専用の公式オリジナルアプリを作成できます。

【フルカイテン】

フルカイテンは、小売企業の在庫問題の在庫問題を解決するクラウドサービス「ＦＵＬＬ ＫＡＩＴＥＮ」を提供しています。これは在庫運用効率を上げ、売上・粗利・キャッシュフローを最大化する革新的なＳａａＳです。ＥＣ・実店舗の在庫最適化に貢献する注目のベンチャーです。

【クロスオーダー】

クロスマートが提供している、ＦＡＸによる煩雑な受発注をデジタル化して大幅に業務効率を上げてくれるサービスです。

多くの人が日常的に使用しているＬＩＮＥで受発注できるだけでなく、独自のＦＡＸ－ＯＣＲ技術によって指定のＦＡＸ用紙を使えば、手書き文字であっても瞬時にデータ化してくれます。食品業界や飲食店、卸売業界などを数多く採用されているサービスです。

【カオナビ】

戦略的な人材マネジメントを可能にするタレントマネジメントシステムです。社員のスキルや評価履歴、性格やモチベーションまで一元管理することが可能で、人事担当はもちろんのこと、経営層や現場マネジメント層に至るまで、その情報を共有することで、人材にまつわるさまざまな課題を解消することができます。

2021年2月時点で、利用企業数が約2000社と、タレントマネジメントシステムとしてシェア1位を獲得しています。

【スマートドライブ】

スマートドライブは、移動にまつわるセンサーデバイスを通じて収集・解析されたビッグデータを活用し、車両管理や運転見守りなどさまざまなサービスを提供している会社です。タクシーやトラックなど多くの車両を使用する事業者だけでなく、安全運転者の保険料を安く抑える商品などを扱う保険会社などでも活用されています。

【Welltool】

ＷＥＢサイトの多言語対応は、対象国の言葉に翻訳してサイトにアップするなど、面倒な作業が多々発生します。しかも、近年は対応すべき言語が増えてきており、コストと手間が増えてきているのが現状です。

そのような課題を抱えた企業に利用されているのが、Ｗｅｌｌｔｏｏｌ株式会社のサービスです。既存サイトを簡単に１００ヵ国以上の言語に対応できるサービスのほか、瞬間自動翻訳機能によってユーザーが使っている言語へ瞬時に翻訳してくれる多言語対応のサイトを簡単に制作できるサービスなどを提供しています。

【サイトビジット】

サイトビジットは、弁護士が監修した電子契約システム「ＮＩＮＪＡ ＳＩＧＮ ｂｙ ｆｒｅｅ」を提供する会社です。

ＮＤＡや業務委託など用途に応じたテンプレートを登録しておくことで契約書をすばやく新規作成でき、締結から管理まで煩雑なプロセスをオンラインで完結できるワンストップ型の電子契約サービスで、社内承認もリモートでできる機能を備えています。

Column

いまさら聞けない「CRM」って何？

売上拡大のためには顧客生涯売上の最大化が大切です。そのためには顧客をよく知り最適な接客を行う必要があります。CRM（顧客関係管理システム）を活用することで散在した顧客情報を統合しタイムリーに顧客のことを把握できる環境がつくれます。

CRMで散在した顧客情報を一元化して最適提案、接客を実現

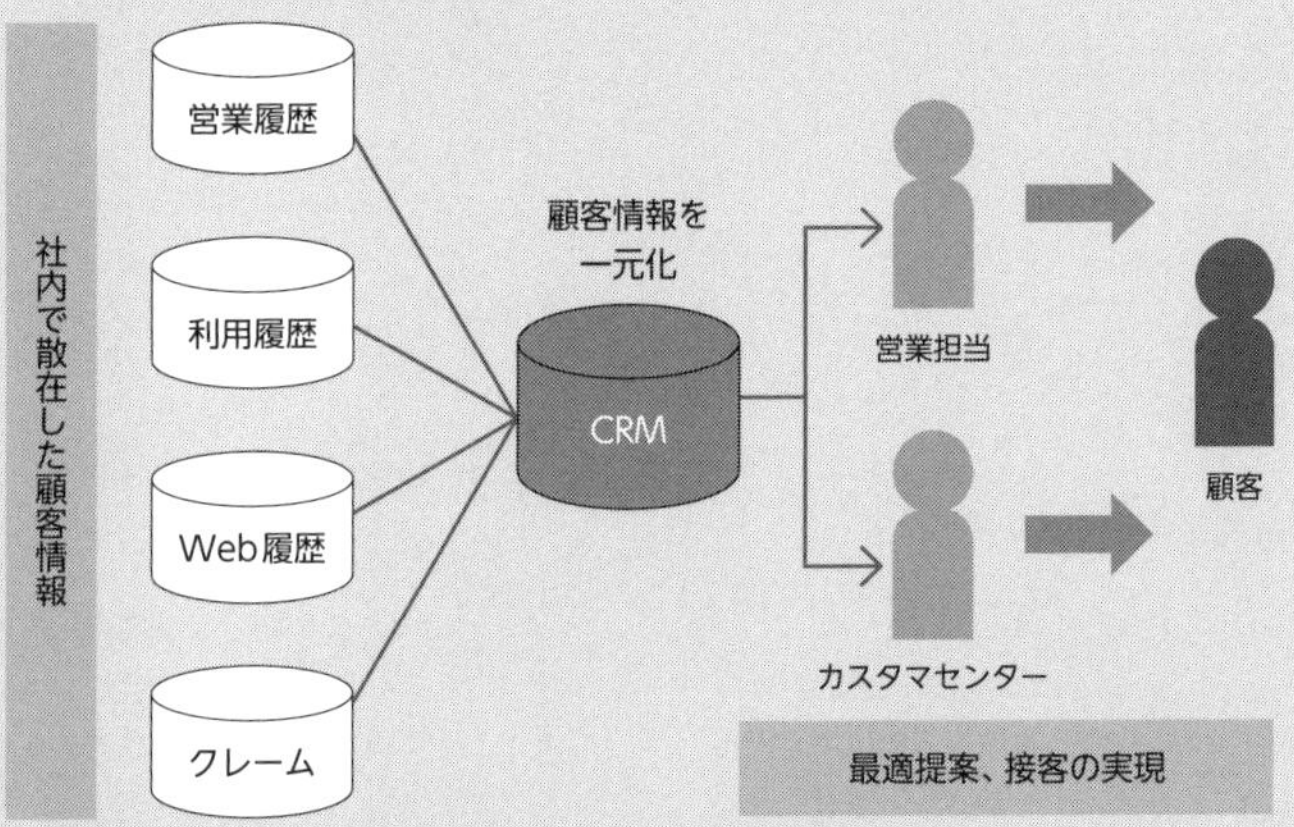

効果 顧客単価と利用継続率の向上で**顧客生涯売上（LTV）が最大化**

第三章

「攻めのDX企画」

事例14

案件ごとの進捗状況を見える化。情報共有することで、生産性激増

◆課題・背景

専門卸業を行ってきたB社は、二代目がコンサルティング事業を開始するなど、新規顧客開拓を積極的に展開。顧客数の急増に対応するため、パートタイマーとして地元の主婦を数多く採用していきました。ところが、事業拡大に伴いスケジュールや活動履歴などの情報が煩雑になりグループウェアでは管理しきれない状況に。しかも、パートは勤務時間が短く、入れ替わりも頻繁だったため、業務の継続性に支障をきたしていました。

◆解決策

Ｓａｌｅｓｆｏｒｃｅを導入して、グループウェア上に散在していた顧客情報やスケジュール、活動履歴などを一元化。社員からパートまで案件

ごとの進捗状況をひと目で確認できるようにしたことで、顧客対応がスムーズに。業務の進捗を見える化できたおかげで、パートが入れ替わっても新担当者が〝何をすべきか〟迷うことが少なくなり、業務の継続性も向上。パートもいちいち指示を仰ぐことなく自律的に動ける業務が増えたことで、生産性も大幅に上昇したそうです。

マネジメントの面では、案件ごとに売上規模を入力できる仕様の採用によって、売上規模に応じた人員配置といったフォローアップの判断もしやすくなりました。

◆成果

導入直後から毎月20%という高いペースで売上増を達成。

◆活用ツール

Ｓａｌｅｓｆｏｒｃｅ

◆目安の予算

非公開

顧客情報のデータ化によって、営業機会を的確にとらえる

◆課題・背景

漆器工房として100年以上の歴史を持つH社は、顧客情報管理に課題を抱えていました。お客様の注文を受けてから工房へ指示するのですが、個人客だったのか、観光で訪れた団体客だったのか、昔から付き合いのある馴染み客なのか、注文を受けた人しか把握していない状態でした。老舗だけに創業からの付き合いになるお客様もおり、顧客対応において危機感を抱いていたそうです。

◆解決策

顧客管理をデジタル化するため、Ｓａｌｅｓｆｏｒｃｅを導入し、顧客名や連絡先など基本情報の他、顧客の好みや所持している漆器の傾向、購

入履歴なども情報として蓄積するように。H社の漆器は非常に長持ちするので、10年、20年と時間が経ってから修理や塗り直しの注文が入っても、どのようなお客様かをしっかりと認識した上で適切な対応がとれると期待。また、購入から10年ほど経つと、メンテナンスが必要な場合がありますが、購入履歴をしっかり蓄積しておけば、アフターケアの案内や関連商品の提案ができます。つまり、次の営業機会を逃さずつかむことができるわけです。

◆**成果**

顧客データが一元管理できるようになったことで、顧客情報の共有化が実現。以前は手作業だった展示会への案内状作成や発送作業にかかっていた時間を大幅に削減することもできました。

◆**活用ツール**

Salesforce

◆**目安の予算**

非公開

「狩りのデジタル化」事例③　従業員数500名以上

MAで成約率の高い顧客を可視化。業績向上と営業の士気上昇を!

◆課題・背景

誰もがその名を知る老舗の総合食品メーカーG社は、自社製品を企業キャンペーンに利用してもらう法人向けノベルティ事業も行っています。ただ、営業アプローチの手法は、名刺や電話による問い合わせ、代理店からの紹介などで集めた企業情報をExcelに入力してリスト化し、案内状と見本を持参して訪問営業するという、かなりアナログなものでした。

そのため、お客様がノベルティを必要としているタイミングをとらえて営業するのが難しく、商談まで進む確率はかなり低かったそうです。労力に比べて結果が出にくい状況に営業のモチベーションも下がり気味でした。

◆解決策

ＷＥＢサイトを活用した集客に着目。マーケティングオートメーション（ＭＡ）を導入して確度の高い見込み客を抽出し、営業効率を高めました。

まず過去の実績などを参考にターゲット像を具体化して、主要ターゲットを「地域ごとのナンバーワン広告代理店」と「中規模ＩＴ／ソフトウェア企業」に設定。

次に、ターゲットに対し、どのタイミングでどのような情報を提供するかというコミュニケーションフローを作成しました。

見込み客とはいえ、いきなり契約に至ることは少ないため、適切なタイミングで関心の高い情報を提供することによって、見込み客の購買意欲を高めていく必要があるからです。

このフローをＭＡに実装すれば、設定した条件に従って自動でメールを送り、反応に応じてより確度の高い見込み客＝プロスペクトに仕分けしたり、メールを開封してくれなかった相手に追加でメールを送ってくれたりします。

ただし、前提として多くの企業にWEBサイトを見てもらえないと意味がありません。

そこで、WEBサイトへの流入を増やすためにも、「ソフトウェア企業のノベルティ成功談」や「販促ノベルティに関するアンケート調査」など、主要ターゲット企業にとって魅力的なコンテンツを複数制作。WEBサイトからダウンロードする際に、「会社名」「担当者名」「メールアドレス」を入力してもらう仕様にしました。

ここをコミュニケーションフローの起点として、「ダウンロードお礼メール」を送信し、あらためて他のコンテンツへの誘導メールを送信。2つ目のコンテンツをダウンロードするときには、業種やノベルティ利用時期などの情報も入力してもらう仕様にしています。

こういった情報はMAで一元管理されていて、例えば、ノベルティ利用時期まで入力した企業を最優先顧客、コンテンツを一度ダウンロードした企業や利用時期未定の企業を優先顧客というように仕分けしてリスト化するところまで自動化しました。

◆**成果**

適切なタイミングでコンテンツへと誘導することで質の高いリードの獲得が可能に。WEBサイトからのリード流入量だけでなく、成約金額も大きく増えました。

MA導入以前は、WEB経由の成約などほとんどありませんでしたが、導入後はリード全体の4分の1をWEBサイトが占めるように。また、成約率が高くなったことで営業のモチベーションも上昇したそうです。

◆**活用ツール**

Salesforce Pardot

◆**目安の予算**

非公開

「狩りのデジタル化」事例④　従業員数500名以上

マーケティングオートメーション導入で、見込顧客獲得数が4倍に

◆課題・背景

企業向け通信ネットワークからインターネットや電話、モバイルまで提供するF社は、年に2回ほど展示会に出展していました。その際、4000人ほどのリードを獲得していたのですが……。営業担当に情報を渡しても、アポはもちろん、案件化もできず、使われないまま眠らせていた状況でした。この宝の山を有効活用すべく、営業支援システムを見直す際、マーケティングオートメーションの導入を検討しました。

◆解決策

国内外4社のツールを検討した上で、機能面で優れ、価格帯も手ごろだったセールスフォース・ドットコム社のPardotを採用。営業担

当が展示会などで名刺交換をしたリードに対して、Ｐａｒｄｏｔからメルマガ配信などのナーチャリング施策を実施して、優良顧客に対して営業がアプローチをするフォロー体制を確立しました。しかし、導入当初は営業担当になかなか使ってもらえなかったといいます。

そこで、研修を実施するとともに、担当顧客がＷＥＢページを閲覧した際、営業担当にメールが届く仕組みを構築するなど、ツールの有用性を感じてもらえる仕掛けづくりにも力を入れたそうです。

◆成果

Ｐａｒｄｏｔによってリードが４０００人から1万６０００人に増加。新規顧客獲得だけでなく、既存顧客に対するアップセルやクロスセルで案件化につなげる取り組みも生まれました。

◆活用ツール

Ｓａｌｅｓｆｏｒｃｅ Ｐａｒｄｏｔ

◆目安の予算

非公開

指名予約の比率が10%アップ！スタイリストのモチベーションも向上

◆課題・背景

一定数のサロン利用者を確保するため、複数の集客・予約サイトを利用していた美容サロンAは、煩雑な手間と広告費の高騰に悩んでいました。費用対効果を考えたとき、コストが集客数に見合っていない状況がしばしば見られたといいます。

◆解決策

集客・予約サイトを一元管理することによって手間を減らすとともに、広告のプランを下げることで余分な広告費を削るため、ビューティーメリットを導入しました。採用の決め手は、機能の多彩さや予約経路のわかりやすさだったといいます。ビューティーメリットは、オリジナルのアプリを使うことで予約可能な日時が簡単に確認でき、スタイリストを指名した予約もカンタン。新規で利用する場合も、在籍しているスタイリストのプロフィール情報を確認することができます。オリジナルアプリの利用者への勧め方については、アプリダウンロード用のQRコードが表記された紹介カードを作成してセット面に置いたり、利用者に地道に手渡ししたりしたそうです。

◆成果

アプリ経由で予約した利用者は他店に浮気しない傾向があり既存顧客のグリップにつながりました。また、導入してからわずか2～3ヵ月ほどで指名予約の比率が5～10％ほど上振れしたことによって、スタイリストのモチベーションも大きく向上したそうです。もちろん、当初の課題であった手間と広告費の削減も実現しています。

◆活用ツール

ビューティーメリット

◆目安の予算

非公開

低コスト、多機能、充実のサポート。三拍子揃ったPOSレジで効率アップ

◆課題・背景

貸衣装店を営むS社は、使い勝手のいいPOSレジを探していました。現在使っているPOSレジは、取り消しが反映されないといった不具合が多い上、売上管理の方法がよくわからず、POSとしてほとんど機能していなかったそうです。また、お客様はクレジットカード決済を希望する方が多かったため、CAT端末の導入も検討していました。

◆解決策

世の中には、さまざまなPOSレジシステムが存在しますが、コストが低いこと、クレジット連携が可能であること、小売店専用に機能やUIがつくられていること、そして、導入後のサポートが充実していることを理

由に、「Uレジ STORE」の導入を決めました。「Uレジ」は、日本全国で有線放送サービスを展開しているUSEN（USEN-NEXT GROUP）のPOSレジであり、全都道府県に150のサポート拠点があります。また、365日無休で稼働している専用ヘルプデスクもあり、導入時だけでなく導入後もサポートしてもらえる点に安心感を覚えたそうです。

◆成果

以前、悩まされていた不具合が少なく、疑問や質問が発生したときもすぐに相談できるため、業務がスムーズに進められるようになりました。また、部門別や商品視点の売上分析を活用できるようになったことで、売上構成の見える化に成功し、営業戦略の精度も高まったそうです。カード決済端末「Uペイ」と連動させることで会計金額の二度打ちも不要になりました。

◆活用ツール

Uレジ STORE

◆目安の予算

50万円以下

「狩りのデジタル化」事例⑦　従業員数30～100名未満

学生情報一元化で退学兆候を察知。出席不振者率を30％減へ

◆課題・背景

近年、大学では中途退学者の増加が問題になっています。その原因の一つに、教職員のケアが行き届いていない現状があります。少子高齢化が進み、若者が減少していく日本において、学生を確保できるかどうかは大学にとって死活問題であり、中途退学者が多いといったネガティブなイメージは翌年度以降の入学希望者の数にも影響しかねません。

そこで、D大学では、学生一人ひとりと向き合う、きめ細かな教育を実践することで学生の満足度を高め、充実した学生生活をサポートするだけでなく、中途退学を予防する方法を模索していました。

◆解決策

きめ細かなケアを実践するには、学生の状態を把握しておく必要があります。そこで、「Salesforce Cloud」を用いた学生ポータルサイトを構築。学生情報や成績情報だけでなく、出欠状況や課題の提出確認、アンケート調査の回答など、多角的な学生情報を蓄積し、出席不振や成績不振といった中途退学の兆候があらわれた学生を自動抽出することで、早期発見、早期対応を可能にしました。

◆成果

学生ポータルサイトでは、履修状況や成績・対応履歴などを即座に俯瞰できるため、学生サポートの迅速化、業務の標準化に役立っています。また、学生の状況に応じたきめ細かなサポートができるようになり、出席不振者率が30％低下しました。

◆活用ツール

Salesforce Cloud

◆目安の予算

非公開

全国820万拠点の企業データを把握。新規開拓の営業リソース最適化を実現

◆課題・背景

飲食店や小売店向けに飲料水やお酒の販売を行っているA社では、膨大な顧客データを整理し、訪問履歴や取引実績などを逐次登録することで、効率的な営業活動を実施すべく力を入れていました。しかし、飲食店は他業種と比較して業態変更や移転、廃業などの動きが激しく、顧客データベースが常に実態を把握しているようにメンテナンスするだけで相当な労力が必要でした。また、データ入力は担当営業任せだったため、略字や誤字などを原因とする重複登録が多発していたのです。当然、正確な顧客情報や営業の進捗状況を把握できないため、営業リソースの最適化ができず、営業活動にムリやムダが発生していました。

◆**解決策**

A社は、ランドスケイプ社が提供している法人企業データベース「LBC」と自社の顧客データベースを連携させ、移り変わりの激しい飲食店や統廃合・移転の動きがある一般企業のデータ整備・メンテナンスを自動化。LBCは全国820万拠点の法人企業データを網羅しており、毎日企業情報の変化をチェック・更新しているため、鮮度と精度を兼ね備えた企業情報を営業活動に活用できるようになりました。

◆**成果**

顧客企業情報の正確な把握だけでなく、営業エリア内に存在する正確な未開拓企業の把握も可能になったことで、営業リソース配分の最適化を実現することもできました。

◆**活用ツール**

法人マスタデータ「LBC」

◆**目安の予算**

非公開

「商品・サービスのデジタル化」事例①　従業員数500名以上

紙の教材で提供していた通信教育。デジタル化で、利用者が増加

◆**課題・背景**

祖父母は田舎で暮らし、共働きの息子夫婦とその子どもたちは通勤に便利な都市部に住む——そんな家族のあり方が当たり前になってきたことで、子どもだけで自宅学習に取り組むケースが増えています。

しかし、小学生くらいの年齢では飽きやすく、側に保護者がいない状況で学習に集中させるのは簡単なことではありません。

そのため紙の教材を使って長らく通信教育サービスを提供してきたB社は、子どもたち一人ひとりにもっと寄り添い、効果的な個別指導ができる新しいサービスの形を模索していました。

B社が提供してきた従来のサービスは、充実した付録のある教材を使っ

て学習してもらい、毎月、解答を郵送してもらって添削やアドバイスを丁寧に行うというものでした。

ただ、子どもたちが毎日スケジュール通りに勉強したかどうかは親が確認するしかなく、仕事と家事で疲れた共働き世帯の親にとっては、教材やノートを確認して添削する手間が、決して軽くない負担になっていました。

そもそも、勉強の習慣が身についていない子どもの場合、机に座って勉強させること自体が難しく、子どもしかいない状況で教材を開いてもらうには、教材そのものの魅力を大きく高める必要がありました。

◆解決策

子どもが気軽に始められて、楽しめるようにするため、タブレット端末を使った教材の開発に挑みました。デジタルコンテンツであれば、ゲーム感覚で取り組めますし、画面に動きを出せるため、子どもの興味をひきやすいからです。

加えて、図形問題など視覚的に表現した方が理解しやすい教科については、紙の教材よりも学習効果を高められるとも考えました。

添削を自動化することで親の負担を軽減できますし、解答を分析することで子どもの得手不得手を把握することもできます。子どもや親にとっても苦手分野がわかれば、学習目標を立てやすく、より効果的に学力を伸ばすことが可能になります。

また、毎月、添削のために郵送してもらっていた手間も、デジタルコンテンツであれば省略が可能です。

さらに、添削する担当者にとっても、システムにアクセスできる環境さえあれば、いつでも、どこでも添削できるため作業効率を高めることができます。

ただし、紙を廃止してすべてをデジタルコンテンツ化はしませんでした。紙の教材は机に向かいじっくり学ぶことで勉強の習慣がつきやすいなど、紙教材ならではのメリットがあるからです。

そこで、勉強に対する子どもの姿勢や学習レベル、デジタルコンテンツと紙教材それぞれのメリット・デメリットなどを総合的に判断して、各家庭でいずれか、もしくは両方を選べるようにサービスを設計し直しました。

◆**成果**

タブレットタイプの導入によって、子ども一人で勉強できる、ゲーム感覚で夢中になれるなど、利用者からポジティブな意見が多く寄せられ、利用者が増加。

また、技術の進化とともに、オンライン授業など、コンテンツの追加もしやすく、学習内容の拡充が容易になりました。

◆**活用ツール**

自社開発

◆**目安の予算**

自社開発のため非公開

ゴルフレッスンをデジタル化。科学的な指導で納得感上昇

◆課題・背景

「短期間でゴルフがうまくなりたい」。そう思ったとき頭に浮かぶのが、レッスンプロによる指導ではないでしょうか。

しかし、レッスンプロといっても指導力には個人差がある上、指導内容も経験則や勘といった属人的、かつ曖昧な根拠に根差したものでしかありませんでした。だからこそR社は、科学的根拠に基づいた指導や、指導力のバラつきに左右されにくいレッスンの実現に挑戦しました。

◆解決策

科学的根拠に基づいた指導を行うためには、デジタル技術によってスイングを可視化する必要があります。そこで、ゴルフクラブにセンサーを

設置して、スイングの加速度などを計測。クラブの軌道やフェースの角度、ヘッドスピードといったスイングに関するデータを分析して数値化するシステムを開発しました。自分のスイングとプロゴルファーのスイングを動画で見比べられる機能も設けて、理想のスイングとの違いを視覚的に確認できるようにもなっています。

◆成果

プロのスイングとの違いを数値や映像で見比べることができるため、利用者の納得度が高く、指導者にとっても的確なレッスンを行えるようになりました。また、システムなので再現性が高く多店舗展開も容易。どのレッスン場でも質の高い指導を提供することができます。

◆活用ツール

自社開発

◆目安の予算

自社開発のため非公開

「商品・サービスのデジタル化」事例③　従業員数30～100名未満

オンライン診療システムを活用してPCR検査の予約と会計処理を無人化

◆**課題・背景**

小児専門の民間病院Oでは、新型コロナウイルスの感染拡大防止の観点からPCR検査に対応した検査施設を設置することにしました。他の患者さんとの接触を防ぐため、病院の駐車場に設けられた仮の施設においてドライブスルー方式で検査を行うことにしましたが、受付から来院、検査、検査結果説明、会計という対応手順をスムーズに行うための仕組みをどうするか検討していたといいます。

◆**解決策**

インテグリティ・ヘルスケア社が提供しているオンライン診療システム「YaDoc Quick（ヤードック クイック）」を採用。このツールは、予約から決済までのフローをシンプルに運用することができる機能があり、外来検査センターの予約システムとして活用することにしました。クレジットカード登録を事前に済ませておけば、診察後に事後決済できるため、会計のために並ぶといった手間がなく、患者さんは検査から会計まで長く待たされることなく終えることができます。

◆成果

Ｗｅｂ予約ができるため、従来の電話予約と比較してスタッフの負担軽減につながり、センター開設後もスタッフを追加することなく運用できています。しかも、予約と会計が「ＹａＤｏｃ Ｑｕｉｃｋ」で処理できるため、運営を担う事務スタッフは患者さんと非接触で業務を完遂することが可能。スタッフの安全面の確保にもつながっています。

◆活用ツール

ＹａＤｏｃ Ｑｕｉｃｋ

◆目安の予算

非公開

「クリエイティブ」事例① 従業員数30〜100名未満

走行中の自動車から情報を取得。データを活用して新ビジネスを創造

◆市場の課題

商用車や物流トラックでは、事故の削減が重要課題になっています。しかし、これまでは朝の点呼時に渋滞が発生しそうなイベント情報や工事による通行規制の場所などを共有したり、ドライバー教育に力を入れたりするくらいで、これといった有効手段がありませんでした。

また、ドライバーの経験値や能力によって移動ルートの設定に差があり、ベテランと新人では移動時間に大きな開きが出てしまうといった課題もあります。

一方、運行を管理する側に目を転じてみれば、乗務記録をドライバーに手書きしてもらい、それをファイリングするケースがまだまだ多いため、

管理するのに手間と時間がかかってしまうのが現状です。

ドライバーの性格によって、詳細に書いてくれる人もいれば、いい加減に記載する人もいるので乗務記録だけを鵜呑みにするわけにもいきません。拠点を出た後は、ドライバー任せにするしかなく、運行管理側にできることはかなり限られていました。

◆事業化へ

スマートドライブ社は、前述のような課題も含め、さまざまな移動に関わる問題などの解決を試みているスタートアップです。自動車をはじめとした移動体に各種センサーを取り付け、リアルタイムで各種データの収集や、収集されたデータの分析・解析を行うプラットフォームの構築、さらに、データの利活用を通してさまざまな業界の企業と連携することで、新しいサービスの創出を行っています。

まず、各種センサーを内蔵し、車のシガーソケットに挿すだけで走行距離や走行ルート、アクセルやブレーキを踏んだ場所、スピードなどを収集することのできるデバイスを開発しました。さらに、インターネットやスマートフォンなどを活用し、高額な専用ハード機器を導入することなく、デバイスから送られてくる通信データを受け取り、リアルタイムで管理できる仕組みなどの開発を行っています。データには、専用デバイスから収集されるものに加えて、車内気温や外気温といった多種多様なものを収集するセンサーなどと連携して得られるものもあります。これらの情報を組み合わせることで、いろいろなことが見えてきます。

例えば、複数の自動車が同じ場所で急ブレーキを踏んでいたら、そこは事故が起きやすい可能性があると、全ドライバーに注意喚起することができます。

複数の車両を保有している会社であれば、データから最適な配車を導き出すことも可能です。これらは法人向けの車両管理サービスですね。

また、運転状況を随時把握できるため、急発進、急ブレーキを多用するドライバーがいれば運転技術を指導するきっかけになりますし、燃費のいい走り方や効率的なルート選択がわかれば、コスト削減につなげることもできます。

こちらは、ドライバー教育やドライバーのモチベーション向上につながるので、ドライバーエンゲージメントサービスといえるでしょう。

◆さらなる成長へ

スマートドライブ社がつくり上げたプラットフォームは、大企業から中小企業までの幅広い層に支持されており、ユーザー数はわずか4年で600社3万台以上まで成長しています。

また、異業種と協働することで新たなビジネスも生まれています。

安全運転の度合いをスコア化できるため、テレマティクス型の自動車保険で利用されているのです。テレマティクス型とは、走行内容によって保険の内容や条件が変わるタイプの保険のことです。

安全運転をする人の保険料は安く、危険な運転をする人の保険料を高く設定するなど、年齢や性別、事故履歴だけでなく保険対象者の運転スキルを保険料の設定条件にしています。

また可能性という意味では、交通行政の参考データとしても利用できますし、自動運転に応用できるデータも少なくないはずです。

「クリエイティブ」事例② 従業員数30名未満

スマホで賞味期限を管理して、食材ロスを防ぐアプリ

◆市場の課題

気がついたら食材や調味料などの賞味期限が切れて、食材を無駄にしてしまった……。そんな経験をしたことのある人は少なくないはずです。かといって、忙しい毎日を過ごす中、賞味期限をまとめたリストをつくるといった手間は極力避けたいのが本音でしょう。

◆事業化

N氏は、スマホで簡単に賞味期限を管理できるアプリを開発しました。スマホといってもいちいち商品名などを入力するのでは、たいして手間は変わりません。そこで、商品についているバーコードをスマホで撮影すると自動的に商品名が登録される仕様に。利用者は、賞味期限を設定するだ

けですみ、必要に応じて個数やメモを書き込むこともできます。

登録された商品はリスト化されるので、複数商品の賞味期限をひと目で確認できますし、期限が近づいてきたらプッシュ通知でお知らせが届くようになっていますので、食材を無駄にすることもなくなります。買い物するときには、買い物リストを作成できるので、それを確認すれば、足りないものだけ買い足すことができ、余計な買い物を防ぐことにもなります。

◆さらなる成長へ

テレビ番組などのメディアにも取り上げられ、すでに30万ダウンロードを突破し、賞味期限管理アプリとしてはナンバーワンの地位を獲得しています。最近では大手飲食チェーンからの引き合いが増えていて、家庭の食材管理から飲食店の在庫管理アプリへ成長しています。

「クリエイティブ」事例③　従業員数30名未満

食事を通じた母親の愛を、スマホアプリで再現

◆市場の課題

食卓をあずかるものにとって大きな悩みの一つがレシピを考えることです。自分や家族の好み、健康を考えつつ、冷蔵庫にある食材でつくれる料理を毎日考えるのは、簡単なことではありません。何となく野菜が入っていればいいかと思う程度で、栄養士のように毎食、食材ごとの栄養素のバランスを考慮しながら料理をつくれる人は多くないでしょう。結果、似たようなレシピを使いまわすことになりがちです。

◆事業化

G社はAIを使ったレシピ紹介アプリを開発。自分の名前やアレルギーなどの情報を入力してから冷蔵庫にある食材をすべて登録します。すると、

登録した食材だけでつくれるレシピを、主菜、副菜などカテゴリー別に紹介。レシピには、調理時間やカロリーなども表示されるので、つくり始める時間の目安にもなりますし、昨日たくさん食べたから今日は控えめにしようといったカロリー管理もできます。1日の食事を登録すると、管理栄養士が食事バランスについてアドバイスしてくれる機能もあります。しかも、つくったレシピを登録していくことで、AIが利用者の好みを学習して好みの最適なレシピを提案してくれるように。まさに、母親がしてくれていたことをスマホが再現してくれるわけです。

◆さらなる成長へ

これだけの機能をすべて無料で使えるようにすることで、多くの人の支持を獲得。20万ダウンロードを達成しています。

Column

いまさら聞けない「MAツール」って何？

MA(マーケティング・オートメーション)ツールの活用でWEBサイトに訪問した見込客とその購買心理プロセスを見える化できます。すでに商品購入を検討している「イマ客」を見つけて営業担当者に知らせることや、検討段階には至らない「マダ客」を「イマ客」に育成するためのコミュニケーションを自動化することで効率よく「イマ客」を増やすことができます。

WEB訪問した「マダ客」を自動で「イマ客」に育成。「イマ客」だけを営業に提供

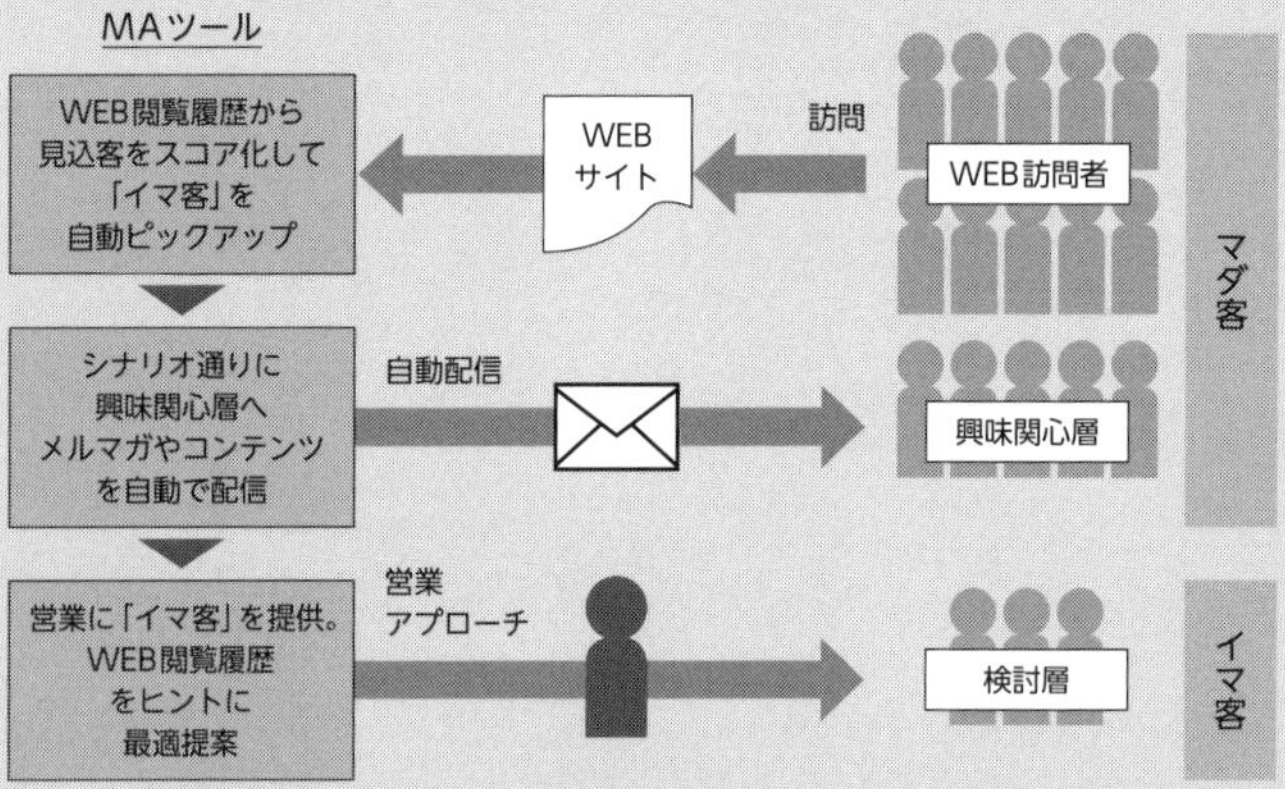

効果 ホットな顧客を自動で増やす仕組みの構築で
マーケティングを効率化

第四章

「儲け方を変えるDX企画」

事例7

「マネタイズ変更」事例①　従業員数30名未満

ブランド家具をサブスクリプション化。気軽に自分らしさを表現できると評判に

◆市場の課題

家具は高価です。ちょっとしたソファセットをそろえようとするだけで数万円から10万円を超えることもあります。もちろん、高級品ともなれば、１００万円以上ということも珍しくありません。しかし、家具はインテリアの中でも存在感のあるアイテムで、住んでいる人のセンスや趣味嗜好を濃厚に映し出すアイテムであるため、こだわる人が少なくないものです。そこまで考えていないとしても、自宅をくつろげる空間にするため、ソファやベッドはできるだけいいものを選びたいと思う人はかなりいるはずです。

こういったニーズは、企業にもあります。オフィスの移転や増床に際し

て快適な職場、疲れにくい職場を演出するアイテムとしてインテリアに力をいれる傾向が強くなっているからです。近年は、お洒落なオフィスかどうかが採用にも影響してくるため、エントランスやリラクゼーションルームなど、オフィスのあらゆるところのインテリアに投資する企業もあるくらいです。

ただ、このようなニーズはあるものの、Z社では高い価格がネックとなり、ブランド家具などは売上が伸び悩んでいるのが現状でした。

◆事業化

価格という高いハードルを越えて、より多くの人にブランド家具を楽しんでもらえるよう、Z社は、一アイテムあたり月額数百円から利用できるサブスクリプション型家具ブランドを立ち上げました。

スタート当初は、自社ブランド家具のみで展開していましたが、自社製のみでは家具のバリエーションに限界があります。多種多様なニーズを持つお客様の期待に応えるためには、多種多様なテイストの家具や人気ブランドの家具をワンストップで揃えられる利便性も重要に。そこで、他社製の家具をメーカーから仕入れて一気にバリエーションを拡大したことで、「自分の好きなテイストの家具を選べる」と急激に利用者数が伸びていきました。

◆さらなる成長へ

日本で最初といえるタイミングで家具のサブスクリプションサービスをスタートさせたことで、多くの利用者から注目を集めました。人気ブランド家具だけでなく、デザイン家電などの扱いも始めるなど、ラインアップも増えていき、「初めての一人暮らしだから自分らしいインテリアをそろえたい」といった想いにも応えたいなど、お客様の多様なニーズに対応するサービスへと成長しています。

このサービスは最短3ヵ月から月額払いで利用でき、利用期間が終了した時点で、気に入った家具を購入することや、他の家具に切り替えること、利用期間を延長することもできるなど、自由で柔軟な家具・家電との付き合い方を提案することで、個人ユースだけでなく、法人からも広く支持を集めています。

また、コロナ禍によってオフィスのあり方を見直す動きとともに、働き方に合わせてオフィスを移転、縮小する動きもあります。このように先行きがよみにくい時代だからこそ、低額かつ有期で家具をレンタルできるサブスクリプションサービスは今まで以上に受け入れられていくかもしれません。

「マネタイズ変更」事例② 従業員数500名以上

服を製造して販売するだけでなく、サブスクでレンタルする仕組みを構築

◆市場の課題

セレクトショップから自社ブランドを立ち上げ、SPAとして順調に店舗数、売上を伸ばしていたK社は、さらなる売上拡大を実現するための方法を模索していました。その頃、国内外で広がりを見せていたシェアリングエコノミーによって、ITを武器にした企業がさまざまな業界へ新規参入していき、既存企業が追いやられていくという現実が目に付くように。この流れはいずれアパレル業界にも起こると考え、先手を打つ形でテクノロジーを取り入れた進化拡張の道を探り始めました。

◆事業化

ファッションのサブスクリプションを事業化。自社ブランドの新品を一

度に手元における点数は3点まで、月額定額制でレンタルできるサービスを立ち上げました。

◆さらなる成長へ

日本初のファッションレンタルアプリとして話題に。日々、「今日着ていく服に悩む」社会人や育児に追われてファッションにまで気が回らない母親、頻繁に服を新調できない学生など、人気ブランドの新品を手ごろな価格で何度でもレンタルできる仕組みが、女性から高い支持を得ています。気に入った服が見つかれば、割引価格で買い取ることもできるし、60日間借り続ければ自分のものになるサービスも好評。返却時、クリーニング不要など、20~30代女性が喜ぶ仕組みを構築することで、もっとも使われるファッションレンタルアプリへと成長しています。

「マネタイズ変更」事例③　従業員数300～500名未満

雑誌やマンガを電子書籍で提供。コストと手間の削減を実施

◆市場の課題

髪をカットするには、それなりに時間がかかります。カラーリングをすると薬剤を定着させるために15分から30分くらい放置されることも。その空き時間を退屈させないため、多くのサロンではファッション誌など何冊もの雑誌やマンガ本などを用意し自由に読めるようにしています。ただ、この雑誌やマンガを購入する費用負担は軽くはありません。毎週、毎月最新号を何十冊も買わなければならないからです。また、紙の雑誌などは消毒できず、コロナ禍で提供が難しくなってもいました。

◆事業化

店舗向けにマンガと雑誌を提供しているS社は、新規顧客開拓とコロナ

禍の影響から新たなビジネスモデルを模索。雑誌300誌以上、マンガ2万冊以上の電子書籍が読み放題のサービスをタブレット端末で提供することに。サロンはサービスの利用契約を結び、利用時にIDとパスワードを入力するだけ。インターネットが利用できる環境さえあれば、専用アプリのダウンロードや設備工事をすることなく、ブラウザ上で電子書籍を読めるようにしました。しかも、1アカウント月額数百円という低価格に設定し、タブレット端末のレンタルも行うことで、サロンの規模などに合わせて必要な数だけ導入できるようにしています。

◆さらなる成長へ

すでに数万アカウントを突破。また、タブレットだと消毒しやすいため、コロナ対策の上でも高評価を得ています。

「プラットフォーム」事例① 従業員数500名以上

既存のコインパーキング網を活用。カーシェア事業の急拡大に成功

◆市場の課題

近年、「所有から利用」へと消費者の意識が変化している証左として、都市部における若者の自動車離れが取り上げられることがあります。

自動車を所有するには、駐車場代や自動車保険、ガソリン代などがかかり、そこにローン返済額が上乗せされると月々の負担額は決して少なくない金額になります。

その負担に使用頻度が見合わないからと、国内の自動車販売台数は微増微減を繰り返しながら横ばいが続いている状態です。

その一方で急速に需要が伸びているのが、カーシェアリングです。これは、会員たちで特定の車を共同使用するサービスのことで、不定期に短時

間使用することが多いユーザーに広く利用されています。

◆事業化

自動車レンタル業などを営んでいたT社は、カーシェアリングの需要拡大を予感して、同事業への参入を決定。

ただ、ユーザーの利便性を考えると自宅や勤務先の近くにシェアできる車が置いてあるのが望ましく、既存のレンタル店舗だけでは数が少なすぎました。

そこで、グループ会社が展開しているコインパーキングの一角にシェアする車を置くことにしたのです。

グループ会社は業界トップの駐車場を保持しているため、一気にカーシェアの拠点を拡大できます。しかも、用地開発という手間も資金も必要な工程をほぼ省略できるため、そこで浮いた経費をユーザーに還元することが可能になるわけです。

すでに持っていたコインパーキングというプラットフォームにカーシェアリングという用途を追加することで、新しい事業を生み出した好例といえるでしょう。

T社は、このアドバンテージに胡坐をかくことなく、デジタル技術を活用することでユーザーの利便性に一層磨きをかけています。

具体的には、予約、利用、支払いまでのすべてをWEBもしくはアプリで完結できるシステムをつくりました。店舗で予約を受け付けるとなると、営業時間という制限ができてしまいます。その点、WEB・スマホ予約であれば、24時間いつでも好きな時間帯に予約することができ、利用料金も登録しているクレジットカードで支払うことができます。車を使うときも、駐車場へ行って会員カードを車にかざすだけでドアロックを解除できる仕組みを構築しました。

このように、予約から支払いまで人が介在しないため、利用者は誰に遠慮することもなく気軽に利用でき、運営会社にとっても人件費を削減することができているのです。

また、T社のカーシェアリングサービスでは、さまざまなポイントサービスを提供しています。

例えば、車の利用料金とは別に月額基本料が設定されていますが、車を利用した月は利用料に充当されるため月額基本料金は実質0円になります。ガソリンを給油したり洗車したりすると利用料金が割引になるサービスも。

こういった細かなポイントの管理ができるのもデジタル化しているからこそといえるでしょう。

◆さらなる成長へ

業界ナンバーワンのコインパーキングというプラットフォームを利用した上、デジタル技術の活用によって高付加価値サービスを提供することで、T社は、カーシェアリング業界において、車両台数、シェア共に2位に圧倒的な差をつけています。

「プラットフォーム」事例② 従業員数30～100名未満

複数事業者をプラットフォーム化。少ない投資でサービスを全国へ展開

◆市場の課題

旅行先で自転車を借りて観光地をのんびり巡りたい、駅を降りてから目的地までのラストワンマイルの移動を楽にしたい。このようなニーズに応えるサービスとして、自転車をシェアするシェアサイクリングサービスが誕生しました。しかし、自転車の貸し出しを行う拠点を増やさないと利便性が上がらず利用者が増えにくいもの。とはいえ、拠点を大きく増やすには設備投資がかかりすぎてしまう。シェアサイクル事業者は、このジレンマに苦しめられていました。

◆事業化

O社は、各地に点在するシェアサイクル・サービス事業者をプラット

フォーム化することで、このジレンマの解消に成功しています。

シェアサイクル事業者や土地を提供してくれる事業者、団体などとパートナー契約を結び、自転車やユーザーを遠隔管理するためのディスプレイ、キーロックを提供。ユーザーは、○社が開発したスマホアプリを使ってアカウントを作成し利用予約すれば、提携事業者の自転車を利用できるようになる仕組みです。借りた自転車は、他の提携事業者が運営する拠点で返すこともできるため、提携事業者が増えるほど利便性が高まるビジネスモデルになっています。

◆さらなる成長へ

参加企業やグループは、全国160市区町村まで拡大。現在、○社は、大手総合商社と提携して海外進出も視野に入れています。

「プラットフォーム」事例③　従業員数500名以上

タクシー配車をスマホアプリ化して、利便性向上とストレス軽減を実現

◆市場の課題

電車やバスといった公共交通機関のないエリアで、遠くまで移動しなければならないときタクシーはとても便利です。しかし、乗降客のあまり多くない駅の場合、タクシープールがあったとしても電話で呼び出さなければならないことがあります。また、電話で呼び出そうにも目印になる建物がなければ、呼び出す場所を指定するのにも困ってしまいます。街中で拾うとなると、もう運任せです。このような利用者側の不便を解消してタクシーの利便性を向上するために開発された配車アプリもサービスのデジタル化の一例です。

◆事業化

スマホの位置情報を活用して利用者の位置を特定し、いつでもどこでも

タクシーを送迎できるサービスを構築。アプリに表示されたマップ上にピンを打つだけで乗車位置を指定でき、乗車時間も指定可能。乗車時間を指定しなければ、タクシーが到着する時間の目安が表示される仕組みです。予約時に降車場所を登録すれば、乗車時に行き先を告げる必要もありません。クレジットカードや電子マネーと連携させればば支払いもスマホですむため、ドライバーと会話せずに利用することも可能です。

◆さらなる成長へ

利用者の利便性向上や利用する際のストレス軽減を実現することで、規制緩和による新規参入の増加やタクシー利用者の減少など、競争が激化している業界で利用者の増加に貢献しています。

「プラットフォーム」事例④　従業員数100～300名未満

日本初の定額制サービスで、新しいカフェスタイルを提案

◆市場の課題

日常的にカフェを利用する人は少なくないと思います。

仕事や勉強のために利用する人もいれば、読書などくつろいだ時間を過ごす人もいるでしょう。

しかし、コーヒーにケーキなどをつけると1000円近くかかりますし、長居する場合はおかわりを頼まないと申し訳ない気持ちになってしまうものです。

そんなカフェのヘビーユーザーが気軽に利用できるサービスを模索。

◆事業化

定額制で、提携店で専用アプリの会員証を提示すれば、何杯でもおかわ

りできるサービスを立ち上げました。

店ごとに利用時間が決まっているものの、その時間内であれば、何時間でもカフェでくつろぐことができます。

また、提携カフェにもメリットがあります。近年は喫茶店離れが進み、駅前の好立地店であっても店を閉めなければならないケースが少なくありません。

しかし、この定額制サービスによって客数が増加すれば、コーヒー以外の、例えば、ケーキや軽食などの注文によって売上増も期待できます。

お店の雰囲気を気に入ってもらえれば、時間外に利用してもらえるようになるかもしれません。

◆さらなる成長へ

今後、提携店が充実してくれば、広く利用されるサービスになるかもしれません。

第五章

「守りのDX企画」

事例27

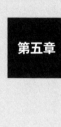

「省エネ」事例① 従業員数30名未満

クラウド会計ソフトで、苦手な経理業務時間が20分の1に

◆課題・背景

生花販売をするH社は、代表自ら経理をしていましたが、会計業務が苦手なこともあり、月末ギリギリになることの繰り返し。使用していた会計ソフトは勘定科目を考え、一つひとつ数値を入力して仕訳をしなければならず、ミスに気づいては修正するなど手間がかかっていました。その作業に疲れて財務状況のチェックなどしたことがなかったそうです。

◆解決策

クラウド会計ソフト「ｆｒｅｅｅ」を導入。入力するときに気にかけることは勘定科目を選ぶくらいで、仕訳は自動的に行ってくれるため、経理業務に伴う単純作業が大幅に削減できました。管理画面も感覚的で使い

やすく、デザインもわかりやすいため、経理が苦手な代表も抵抗感がなくなったそうです。また、いつもモチベーション高く対応してくれるカスタマーサービスのおかげで疑問もすぐに解消できるといいます。

◆成果

作業量は導入以前の20分の1にまで減少しました。経理処理業務の負担が大きく減ったことで、財務状況を把握しようという気力もわいてきたといいます。会計freeeであれば、収益や損益、月次推移などさまざまなレポートを確認でき、資金繰りも見える化してくれるので、経営分析や戦略の検討にじっくり時間を割けるように。現在は、店舗、オンライン、ディスプレイ、植栽の4事業に分けて財務データをチェックし、事業のすみずみまで目が行き届くようになったそうです。

◆活用ツール

会計freee

◆目安の予算

非公開

「省エネ」事例② 従業員数300～500名未満

異動や昇給に関わる業務を9割削減&ミス減少

◆**課題・背景**

機械部品の卸売りを行っているD社は、従業員数が数百人規模になり、人事総務部門の負担が大きくなっていました。入社時にExcelでつくった社員名簿と給与システムのそれぞれに情報を入力。異動案や人員構成表を作成する際も、異動や昇格条件に合致する社員のリストアップに手間取り、毎回1日を要していたといいます。昇給結果を給与システムに入力した後、ミスがないか二日間かけて何度も確認しているのですが、どうしてもミスがゼロになることはありませんでした。

◆**解決策**

複数のツールやシステムに入力を行わなければならない点が、手間やミスの原因となっているため、組織・社員情報を統合管理して、1回のエントリーですべての情報が自動更新され、過去・現在・未来の履歴を一元管理できる環境を整えることに。そのツールとして、「奉行シリーズ 人事奉行」を採用しました。

◆**成果**

人事情報を一度登録すればすべての社員情報が更新されるので、チェック作業から解放されました。人員構成表や人材リストが自動作成されるようになったことで、定例業務が大幅にスピードアップ。経営層と人事情報を共有できるため、人的リソースの活用がよりスムーズになったといいます。導入前二日かかっていた昇給・昇格・給与計算の作業がわずか1時間ですむようになり、ミスを減らすことにも成功したそうです。

◆**活用ツール**

「奉行シリーズ 人事奉行」

◆**目安の予算**

100万～300万円

「省エネ」事例③　従業員数30〜100名未満

注文方法を統一、自動デジタル化して受注業務を大幅に削減

◆**課題・背景**

青果仲卸のD社は、取引先からの発注方法がバラバラで、受注集計に時間がかかっていることに課題感を抱いていました。FAXで送ってくる取引先もあれば、留守電に録音しておくところ、担当営業に直接LINEを送ってくるところとさまざまなので、すべてを確かめないとならず、取りまとめるのに手間取ってしまって、集計作業後の仕入れ業務の開始時間が遅れてしまうことも。その結果、仕入れたかったものがすでになくなっていることもあったそうです。加えて、受注スタッフごとに受注処理方法が異なっていたため、ミスも発生していました。

◆**解決策**

ＬＩＮＥとＦＡＸ－ＯＣＲで発注できる「クロスオーダー」を採用。これはＬＩＮＥで簡単に発注できるだけでなく、オンラインへの切り替えが難しい取引先の場合は、ＦＡＸで送っていた注文用紙をクロスオーダー指定のものに変えてもらうだけで、独自のＯＣＲ技術によって手書き文字を瞬時に集計することが可能になるサービスです。Ｄ社では、営業が取引先を回ってクロスオーダー経由で注文してもらえるようお願いしたといいます。ＬＩＮＥとＦＡＸどちらか使いやすい方を選べるので、それほど抵抗なく受け入れてもらえたそうです。

◆**成果**

ＦＡＸ注文・留守電は50％削減、営業への個人ＬＩＮＥ注文もなくなりました。また、注文の集計時間も1時間以上短縮できたそうです。

◆**活用ツール**

クロスオーダー

◆**目安の予算**

非公開

「省エネ」事例④　従業員数50～100名未満

手書き申込書を簡単にデータ化。入力作業時間を半分以下に短縮

◆課題・背景

着物のレンタル事業などを手掛けるF社。着物のレンタル事業では、成人式や卒業式向けに、提携している大学で展示会を開催してレンタルの申し込みを受け付けていました。ただ、展示会場では紙の申込書に記入してもらったものを、自社システムとＥｘｃｅｌで作成している顧客台帳にそれぞれ手入力する二度手間が発生していました。

しかも、申込件数は年間２５００件ほどにもなるため、数名で対応している担当者の負担は相当なものだったといいます。

◆解決策

当初、申込媒体をタブレット端末などにデジタル化する案も出ましたが、

お客様の要望が細かく多岐にわたるため定型化が難しく、結局、会場で一つひとつ手入力することになり、かえって時間がかかってしまうと判断。会場の申し込みの列が長くなると、お客様が途中で帰ってしまい機会損失が発生する可能性も。そこで、手書きの申込書をスキャンして取り込むだけでテキストデータ化してくれるツールを採用しました。

◆成果

手書きの申込書をスキャンしてPDF化してツールに取り込むだけ。読取精度が90％以上あるため、簡単な修正を加えるだけですむようになりました。しかも、テキストデータを自社システムやＥｘｃｅｌに取り込めるため、入力の二度手間や入力ミスからも解放され、従来に比べて作業時間は半分以下に短縮されたそうです。

◆活用ツール

手書き文字テキストデータ化ツール

◆目安の予算

月額３万円～

「省エネ」事例⑤　職員数100〜300名未満

100カ国語を瞬時自動で実行。訪日&在留外国人への情報提供を！

◆課題・背景

インバウンド対応や在留外国人が増えている昨今、自治体や公共機関においても、ＳＤＧｓの観点から外国人に対するサービスの質向上が喫緊の課題になっています。そのため、公式サイトを日本語だけでなく、複数言語に対応させる動きは何年も前から進められていますが、その多くは、英語・中国語・韓国語など言語数が少ないのが現状です。しかし、近年は東南アジアや中東、ロシアなど訪日外国人、在留外国人ともに多様化しているため、「必要な情報が入手しづらい、自国語の表示がない」といったクレームが増えているといいます。役所のＥも、限られた予算の中で、このようなクレームに対応する方法を探っていました。

◆解決策

役所Eでは、多くの外国人が住んでいるため、多くの言語ページを作成したいと考えていましたが、手間も費用もかさみます。そこで、多言語自動瞬間翻訳ツールの「ＷｅｌｌＴｒａｎｓｌａｔｉｏｎＡＰＩ」を採用。これは、利用者が日常的に使用するスマホやパソコン、タブレットの言語に合わせ、日本語のＷｅｂサイトを瞬間自動で翻訳するサービスです。

◆成果

Ｗｅｂサイトが自動で１００ヵ国語以上に翻訳されることで、多くの外国人に対して情報提供と情報の速報性ができるようになりました。さらに、これまで人がしていた翻訳業務やＷｅｂサイト更新業務が大幅に削減され、ローコストオペレーションを実現することができました。

◆活用ツール

ＷｅｌｌＴｒａｎｓｌａｔｉｏｎＡＰＩ

◆目安の予算

約20万円～

「省エネ」事例⑥　従業員数500名以上

8000名の雇用契約更新業務を電子化して、リソース削減を！

◆課題・背景

ゲームやシステムなどコンピュータプログラムにはバグが発生するものです。そのバグを見つけて改善につなげ完成度を高める作業を「デバック」といいます。E社は、8000名以上の従業員を抱える総合デバックサービス事業者であり、増収増益を続ける成長企業でもあります。

ただ、従業員の多くは有期雇用であり、契約更新の1～2ヵ月前から契約書類の準備を始めなければ、期日に間に合わないという状況が続いていました。

しかも、必要記入事項の記載漏れなど書類の不備があると再送しなければならず、その手間とコストは膨大なものだったといいます。

◆解決策

弁護士が監修した電子契約システム「NINJA SIGN by freee」を導入。契約書の作成から締結、管理まで、契約業務の煩雑なプロセスをオンラインで完結できるワンストップ型の電子契約サービスです。

◆成果

NDAや業務委託など用途に応じた契約書のテンプレートが登録できるため、契約書作成の手間を大幅に軽減できました。また、社内承認をリモートでできるだけでなく、一括作成／一括更新が可能なので、膨大な契約書も1日で一斉に送信できるように。未回収の相手に対し自動でリマインドメールを送付する機能があり、書類の作成から送付、回収管理をワンストップで行えるようになりました。

◆活用ツール

NINJA SIGN by freee

◆目安の予算

50万円未満

「省エネ」事例⑦　従業員数30～100名未満

業務システムとBIツールの連携。自動化で業務負荷の削減を達成

◆課題・背景

温泉施設やホテルを運営しているA社は、業務負荷の多さに悩んでいました。温泉浴場だけでなく、演劇場も兼ねた多数の宴会場やマッサージルーム、エステルームなど多様なサービスを提供しており、施設上階には宿泊施設を併設。社員だけでなく大勢のアルバイトスタッフも働いています。また、攻めの経営を標榜しており、各種業務システムの他、売上や客数、その属性などさまざまなデータを加工・分析して経営戦略のための意思決定に役立てるBIツールを導入しているものの、業務システムに蓄積された日次の各種データをBIツールへ入力する作業など、活用するための準備に時間がとられている状況でした。

◆**解決策**

業務システムに蓄積された日次の売上情報をBIツールへ流し込む作業を自動化するため、「EzRobot」を導入しました。「EzRobot」は業務手順通りに登録するだけという手軽さで利用できること、UIがシンプルで学習のハードルが低いと感じられたこと、導入から定着するまでのサポートが手厚いことなどが採用の決め手になりました。

◆**成果**

日次の作業負担が軽減されただけでなく、日々、最新のデータに基づいた経営指標を確認できるため、経営判断の正確さ向上と早期化が実現。今後、バックオフィス系業務を自動化できることによって、新たな商流や事業を立ち上げるハードルも低くなりそうです。

◆**活用ツール**

EzRobot

◆**目安の予算**

非公開

「省エネ」事例⑧　従業員数30名未満

進捗状況を可視化して全従業員が把握。パートの生産性向上で粗利が3倍に

◆課題・背景

卸業を営むT社は、2代目社長の入社を機に新規顧客開拓に着手。従来は、特定の顧客に製品を卸すだけでしたが、付加価値の高い製品の企画・開発やコンサルティング業など事業領域を拡大したことによって顧客が急拡大し、組織体制の変革を迫られることになりました。

そこでグループウェアを導入したのですが、時間的制約や入れ替わりの多いパートが多かったため、社長自らがすべての案件の状況を把握し、逐一、指示を出さなければなりませんでした。そこで、従業員が自立的に動ける仕組みを確立する必要があったそうです。

◆解決策

商談フェーズ管理機能の内容を見たとき、「これを導入すれば売上が上がる」と直感して「Salesforce」を導入。グループウェア上に散在していた商談スケジュールや活動履歴、顧客情報を一元管理できるようにしました。おかげで、誰が見ても進捗状況を把握できるようになり、顧客対応の円滑化が実現。案件ごとの売上も把握できるようになったことで、重点的にフォローアップすべき案件の可視化に成功。人員配置の最適化が可能になりました。

◆成果

社員の指示を仰ぐことなく自律的に行動できるようになったパートの生産性が大幅に向上。その後、社員が減り、社長を含めて9名体制になりましたが、粗利益率は3倍近くに増大しているそうです。

◆活用ツール

Salesforce

◆目安の予算

非公開

「省エネ」事例⑨　従業員数30名未満

金融機関や顧問税理士とのデータを連携。経理の業務負荷を大幅に軽減

◆課題・背景

会報誌やイベントパンフレットなどの企画・編集などを請け負う編集プロダクションL社は、起業したばかりで経理専任者は置いていませんでした。そのため、会計業務は代表自らが行わなければならず、いかに業務負荷を軽減できるかがテーマだったそうです。

◆解決策

前職でデスクトップアプリの「弥生会計」を使い、インターフェースの良さを知っていたため、会計ソフトは「弥生会計」一択でした。しかし、さまざまな機能が利用でき、顧問税理士とのデータ連携も容易な「弥生会計 オンライン」とクラウドで簡単に請求書が作成できてボタン一つで弥生

とデータ連携ができる「Ｍｉｓｏｃａ」を導入することにしたそうです。

◆成果

決算時期は年間でもっとも経理業務が忙しくなるため、効率化をしないと本業に支障をきたす恐れがあります。しかし、弥生ＩＤによって顧問税理士とスムーズにデータ連携ができているので、半年に1回ほど顧問税理士に任せるだけで、打ち合わせもほとんどリモートで済んでしまうといいます。また、「スマート取引取込」機能を使えば、登録した金融機関の銀行口座のデータや、スマホで撮影したレシート・領収書の画像データを、自動取込・自動仕分けしてくれるので、弥生会計への入力作業も大幅削減。このような経理業務の効率化によって、少数精鋭で事業を行うスタートアップであっても、コア事業に注力できる時間を増やすことが可能です。

◆活用ツール

弥生会計 オンライン・請求書作成サービスＭｉｓｏｃａ

◆目安の予算

非公開

「スピードアップ」事例① 従業員数30～50名未満

注文住宅の設計・施工時間を、超・短縮できるツールの活用

◆課題・背景

住宅は高額ですから、購入者は夢に向かってアレコレと要望を出します。特に、思う通りのマイホームをつくる注文住宅では、着工のギリギリまで購入者との打ち合わせを行い、設計変更が発生することも珍しくありません。しかし、着工間際で設計変更になると、そのしわ寄せが施工におよび、結果、ミスの温床になることに建築会社であるB社は悩んでいました。

◆解決策

営業→設計→施工という各工程をスムーズに進めるためには、営業から設計へ、設計から施工へ引き継ぐ際、何を、どこまで決めておけばいいのかを明確にするとともに、スケジュールが後ろ倒しにならないよう、何

を、いつまでに準備しておくべきかルール化する必要があります。そこで、ルールづくりを進めるとともに、各工程の進捗を管理できるツールを開発。後工程に負担がかからないように打ち合わせを終わらせるため、顧客との打ち合わせツールも開発しました。プロジェクトの推進にはDXの専門家であるリブ・コンサルティング社のサポートを受けました。

◆成果

着工前の打ち合わせ期間を20日、着工後の工期を10日短縮することに成功。着工までにすべての段取りが終わるようになり、現場で職人と打ち合わせする時間が減少。帰宅時間が平均1時間早くなりました。また、顧客との打ち合わせで不明確な箇所がなくなったこともあり、「言った、言わない」といったクレームも減らすことに成功したそうです。

◆活用ソリューション

生産性向上コンサルティング

◆目安の予算

500万円~700万円

予約情報を一元管理することで、重複予約などのミスを一掃

◆**課題・背景**

ブライダルやレストラン事業も行っている老舗旅館Jは、複雑な予約管理を予約台帳で行い、そこから日々の予定表を作成していました。

しかし、急な変更が発生した場合、情報がスタッフ全員にいきわたらず勘違いやミスの原因に。インターネット予約も活用していましたが、予約台帳への反映が遅れて予約の重複が発生することもありました。

◆**解決策**

旅館運営に必要な機能をSalesforce上に構築して、予約台帳管理と会計処理をシステム化。ホームページの予約サイトも連携させることで、すべての予約情報を可視化することに成功しました。予約が入ると、

日帰り・宿泊・団体宴会、ブライダル、レストラン、客室といった項目に整理され、予定表や進捗状況、変更点の有無など紐づいた情報も簡単に確認できるように。また、社内の情報共有用SNS機能も活用することで、部署間の情報共通や連携が強化されました。

◆成果

旅館の稼働状況など経営に関わる意思決定に必要な情報を的確に把握できるようになったことで、事業戦略の精度を高めることが可能に。スタッフがいつでも必要な情報にアクセスできるようになり、情報の共有漏れや二重予約なども解消できました。また、社内SNSによって、現場が気づきやアイデアを発信しやすい環境ができたことで、スタッフ一人ひとりの主体性も向上することにつながったといいます。

◆活用ツール

Salesforce

◆目安の予算

非公開

「スピードアップ」事例③　従業員数30～100名未満

常に最新の会計情報を把握し、負債2億円から立ち直る

◆課題・背景

弁当店やケータリング、そば店を経営するU社は、現代表が後を継いだ当時2億円もの負債を抱えていました。

そこで売上を増やすため、弁当工場の稼働を高めるべく行事法事マーケットへの参入を決意。デリバリー事業を立ち上げ、販促活動も積極的に展開しました。そのおかげで6年後には売上が6億円を超えたそうです。

その一方で、事業が拡大するにつれて業務プロセスも複雑化していき、非効率さが目立つようになっていきました。

業務量の増加によって人手不足が深刻化し、従業員一人ひとりの負担が増したことが、注文の取り間違いといったケアレスミスを引き起こす原因

にもなっていたということです。しかも、利益率の低下という事態も招いてしまったのです。

◆**解決策**

事業の継続的な成長のためには、デジタル技術による業務の効率化が急務。

そう考えた代表は、受注管理システムやスケジュールの共有ツールなどを次々と導入し、ＰＯＳシステムは自社の業務に最適化するため独自開発に踏み切りました。

ただ、経理業務のデジタル化は遅れていました。

代表就任以前は経理業務をどんぶり勘定で行っていたため、就任後は自作のＥｘｃｅｌによる管理会計体制を整備していったといいます。しかし、それでも月次実績が出るのは、翌月の中旬。これでは年々速くなる市場環境の変化に対応しきれないため、もっと効率化できる方法はないかと考え続けていました。

経営の意思決定のスピードを高めるためには、自社の経営状況をリアルタイムで把握する必要があるからです。

数あるクラウド会計サービスを検討して、最終的に選んだのが会計ｆｒｅｅｅでした。

決め手は、自社開発したＰＯＳシステムとの連携がもっともスムーズにできたからです。それでも本格運用までには、約半年かけて初期設定やデータ連携テストなどを慎重に実施したといいます。

◆成果

翌月中旬まで待たなければならなかった月次実績が即座に確認できるなど、常に最新の会計情報が確認できるようになり、経営の意思決定スピードが格段に早まりました。

加えて、コスト削減効果も高く、会計ｆｒｅｅｅであれば正しく仕訳されるので、税理士事務所に外注していた伝票処理にかかるコストも削ることに成功しています。

また、飲食業は、慢性的な人手不足に悩まされているため、貴重な人材を経理などの管理部門に多く割くわけにはいきません。そのため、３名いた経理担当を、代表含めた1・5人への削減に成功。人材の適正配置という点でも大きなプラス効果をもたらしています。

現在は、多店舗展開やデリバリー事業の充実を進める一方、自ら経営再建した経験を活かして経営コンサルティング会社を設立。

ケータリング事業を発展させて、イベント会場全体のプロデュースも展開するサービスを始めるなど、会社はさらなる成長に向けて大きく進化しています。

このような展開を実現できたのも、業務効率化によって生まれた時間と人材を、事業創造や戦略検討といった未来を思い描く時間に使えたからです。

◆活用ツール

会計freee

◆目安の予算

非公開

「スピードアップ」事例④　従業員数500名以上

BIツールでリアルタイムモニタリング。見える化で不良品を5分の1に

◆課題・背景

プリンターやデジタル複合機などを製造・販売しているA社は、生産性向上の必要性を痛感していました。というのも、基幹システムで扱わないデータは項目や書式などが標準化されておらず、各生産ラインの判断で作業者が日報に手書きするため、各内容や書式のバラつきが大きかったといいます。さらに、その日報をExcelに入力して加工するなど、二度手間、三度手間が発生していました。このような状況のため、データの正確性が不透明であるだけでなく、製造ラインで起こっているさまざまな出来事を正確、かつ迅速に把握することもできませんでした。

◆解決策

製造ラインで起こっている出来事を、直感的に〝見える化〟できるようにするため、ウイングアーク1st社のBIツール「Dr・Sum」と「MotionBoard」を導入。前者は、基幹システムや業務システム、ファイルなど社内に散在するあらゆるデータを収集し、リアルタイム処理・高速集計、加工が可能なデータベースエンジンで、後者は、データを集約、可視化するBIダッシュボードです。

◆成果

生産現場でも使いこなせるノンプログラミング・ツールなので、活用頻度を高いレベルで維持することができました。結果、製造ラインで起きていることをリアルタイムで把握し、迅速に対処できるようになり、不良品が出る割合が5分の1にまで減少。残業も1時間減らせました。

◆活用ツール

Dr・Sum、MotionBoard

◆目安の予算

非公開

「スピードアップ」事例⑤　従業員数30～100名

経費の内訳を定量的データで把握。思い込みの節約術からの脱却に成功

◆課題・背景

砂利の採取と販売を行っているS社は、経費を最小限に抑えることに腐心しています。なぜなら、砂利の製造には時間がかかるため、注文が入ってから製造したのでは間に合わず、事前に在庫を抱えておく必要があるからです。しかも、砂利をつくるためにはショベルカーやクレーンといった建設機械が必須で、その維持費もかなりの負担に。つまり、この業界で安定的に経営するには、可能な限り出費を抑え、車両や原材料を管理することで経費をコントロールしなければならないわけです。

◆解決策

「Salesforce」を導入し、カスタマイズすることで、売上管理、

原価管理、原材料の調達管理、取引先管理、工事現場管理、車両管理の他、見積もりや請求書の発行まで、すべての業務を「Ｓａｌｅｓｆｏｒｃｅ」上で管理できるようにしました。なかでも、もっとも固定費がかかる車両の管理に注力することに。80台ほどある車両1台1台の車検情報やメンテナンス情報、保険情報、作業実績などを登録して、壊れた日付や修理などの金額を詳細に把握することで無駄な出費を極力抑える工夫をしているそうです。

◆成果

古い車両を維持したほうが、コストが抑えられると思っていましたが、車両ごとの詳細なデータから燃費のいい新車に買い替えたほうが割安になるなど、定量的データから経費削減に取り組めるようになりました。

◆活用ツール

Ｓａｌｅｓｆｏｒｃｅ

◆目安の予算

非公開

約5000頭の牛データを一括管理。予測に基づいた経営が！

◆課題・背景

H牧場では、預託分を合わせて5000頭あまりいる牛を管理することに苦労していました。総面積40ヘクタールという広大な敷地で、2500頭ほどの乳牛の他、肉牛、子牛、種雄牛（食肉用・乳用など、それぞれの目的にかなった優れた遺伝子を持つ雄牛）という4種類の牛を飼育しています。

その管理には、乳牛こそ市販の乳牛管理ソフトを使っていたものの、それ以外の牛についてはExcelで管理していました。ただ、市販ソフトも使い勝手がいいとはいえず、過去の記録を牛に紐づけて管理できなかったり、乳牛や肉牛など4種類の牛を一括して管理することもできなかったりしたそうです。

◆解決策

Ｓａｌｅｓｆｏｒｃｅを導入してシステムによる全頭管理へ。５０００頭すべての情報はもちろん、過去に出荷した肉牛や子牛なども登録して３万頭分あまりを管理。主に「繁殖」「成長」「健康」の３分野と出荷情報を管理して、入力項目数は３００にもなっています。これら膨大な情報を紐づけて一括管理するようにしたため、牛一頭ずつの状態を把握できるだけでなく、先を読んだ経営が可能になったといいます。

◆成果

過去から現在の情報を関連づけて活用して、実績をもとに経営計画を立てられるようになったそうです。Ｈ牧場では、生後半年を経た子牛は預託先へ移動する形になっていますが、親牛の分娩予定を把握でき、子牛が生まれる前から出荷計画を立てられるように。乳牛についても、搾乳できる牛を把握して乳牛の売上予測を立てられるといいます。

Ｓａｌｅｓｆｏｒｃｅ導入以前は、牛がいつ子牛を産んで搾乳できるようになるかは牛次第の面が強かったのですが、牛を個別管理して過去の実績データなどを掛け合わせることによって、精度の高い予測が可能になりました。さらに、牛の個別管理は、緻密な品種別管理を可能にし、出荷時の売上頭数も正確に予測できるようになりました。

またH牧場は循環型酪農を実践しており、飼料生産はグループ会社が担いますが、すべての牛の状態がリアルタイムで確認できるようになったことで、飼料の生産量や原料の仕入れ計画もムダなく立てられるようになり、大幅なコスト削減が実現しました。

今のところ事務所内のパソコンでしか情報を確認できないため、今後はタブレット端末などを導入して、牛を目の前にしながらその状態を確認できるような体制を整えていく予定だといいます。

◆活用ツール

Salesforce

◆目安の予算

非公開

「開発力・品揃えの最適化」事例② 従業員数30名未満

果実の品質や出荷情報を一元管理。ブランド力の強化を実現する

◆課題・背景

農業を営むU社は、1万4000㎡の圃場でみかんを中心に40品種を栽培するだけでなく、複数の生産農家から農作物を仕入れて販売しています。そのため、品質管理から荷受け、出荷という各工程で膨大な書類が発生し、集計や必要事項の記入に四苦八苦していたそうです。

◆解決策

自社の仕事に合わせてカスタマイズできるSalesforceを導入することで、情報の一元管理体制を構築しました。まず圃場の図面をもとに、天気や温度による果実の変化、日々の作業内容などを記録し、過去の履歴も照会できるように。果実については糖度やサイズなど、さまざまな

要素をデータ化することで、緻密な品質管理を実現しています。

さらに、連携している生産者ごとに、果物の生産量や品質などを見える化することで、精度の高い販売計画が立てられるようになっています。

◆**成果**

安全とおいしさの基準となる各種の要素をデータ化し、果実の育成から選果まで管理できるようになったことで、品質向上とブランド力の強化を実現しています。また、Ｓａｌｅｓｆｏｒｃｅの機能の一つであるＣｈａｔｔｅｒを活用して社内情報の共有にも注力。業務日報や果物の育成情報などを従業員全員が共有できる他、業務合理化や改善に関するアイデアも発信できるようにしたことで、従業員の仕事に対するモチベーションも上がったそうです。

◆**活用ツール**

Ｓａｌｅｓｆｏｒｃｅ

◆**目安の予算**

非公開

「開発力・品揃えの最適化」事例③　職員数30～100名未満

データの裏付けによる資源開発。オールシーズン楽しめる観光地を！

◆課題・背景

冬場はスキー客が国内外から多く訪れるM市でしたが、グリーンシーズンは観光客を十分呼び込むことに苦戦。夏を楽しめる観光資源の開発に取り組んではいたものの、自治体主導の〝根拠の薄い推測〟に基づいた施策では、観光客の心にあまり刺さらなかったようです。そのため、裏付けのある観光施策を立案しようと、その方法を探っていました。

◆解決策

観光客がM市に何を求めているのか探るにはCRMを構築して情報を集める必要がある――そう考え、Salesforceの導入を決定。Pardotによって WEB上の行動履歴を取得し、その情報をシームレスに

Ｓａｌｅｓ Ｃｌｏｕｄに蓄積しました。この情報収集のための顧客接点として、Ｍ市の最新ニュースや旅行・観光に役立つ情報をテーマ別に発信するキュレーションサイトを開設。ここを訪れた会員の属性情報や行動履歴からニーズに即した観光資源開発が進められています。

◆成果

Ｍ市を訪れるスキーヤーは自然のままの山を滑る「バックカントリー」へのニーズが高いことがわかり、専用ゲレンデをつくるアイデアが出ています。また、高収入の観光客の割合が高いことも判明。旅館やホテルは安売り合戦から方針を転換し高品質なサービス提供を目指した宿泊プランの再構築を進めています。現在、「日本の田舎暮らし」人気が高い香港や台湾からの観光客をターゲットにした「農家民泊」も検討しているそうです。

◆活用ツール

Ｓａｌｅｓｆｏｒｃｅ Ｐａｒｄｏｔ、Ｓａｌｅｓ Ｃｌｏｕｄ

◆目安の予算

非公開

「開発力・品揃えの最適化」事例④　従業員数30名未満

タイムリーなPOSデータ利用。最適な商品ラインアップを実現

◆課題・背景

P社は、ポップでクラシックな店内、華やかなケーキ、その味の確かさから地元で人気の洋菓子店です。ただ、「この時期は、こんなお菓子が売れていた」といった経験則による曖昧な判断ではなく、データに基づいた売上予測や商品の最適化ができないかと考えました。

◆解決策

USEN（USEN-NEXT GROUP）が展開している小売店専用POSレジアプリ「Uレジ STORE」を導入。まず系列の1店舗で利用してみて、使い勝手の良さを実感、また、USEN（USEN-NEXT GROUP）とは有線放送など普段から付き合いがあり、意思疎通が図りやすく、そ

して、系列店の売上を一括管理できることなどにメリットを感じたことが、導入の決め手となったそうです。

◆成果

分析機能を活用することで時期ごとの売上実績を簡単に確認できるため、前年のデータを参照しながら仕込みのバランスを調整したり、新商品を導入するタイミングを見定めることが可能。お客様の年齢層や性別データも取得できるので、ターゲットに合わせた商品を打ち出しやすいというメリットもあります。つまり、売上実績に基づいた商品ラインアップの最適化が可能になり、また、スタッフが売れ筋商品だけでなく、売れていない商品も把握することによって、売れていない理由を探り改善につなげていけるようにも。結果、全体的な売上の底上げが実現できたそうです。

◆活用ツール

Uレジ STORE

◆目安の予算

非公開

「開発力・品揃えの最適化」事例⑤　従業員数30名未満

在庫データを分析・可視化して、不良在庫減と売上増加を実現

◆課題・背景

レディスアパレルのEC事業を展開しているC社では、商品を焼却処分しない方針を掲げています。その分、不動在庫化した昔の商品も在庫として抱えてしまっていました。そこに、新たな在庫が追加されていく現状をなんとか改善していき、在庫の消化率向上の方策を探っていたといいます。

◆解決策

在庫の運用効率を上げて売上や粗利、キャッシュフローを最大化する在庫分析クラウド「FULL KAITEN」を導入しました。これは、在庫の質を可視化してプロパー販売（正価販売）すべき商品や薄い値引きでも売れる商品などをリスト化したり、倉庫在庫の質を可視化して手遅れになる

前に早めに店舗に送るべき商品やセールをしてでも売り切るべき商品をリスト化したりしてくれるツールです。

C社では、送料無料になる5000円から7000円までで購入された商品履歴をもとに〝合わせ買い〟に適したアイテムのランキングリストを作成。送料がかかる金額しか購入していないユーザーに表示したり、合わせ買いされているケースが多い商品をクリックしたユーザーに「一緒に買われている商品」として提案したりする施策に活用しています。

◆成果

膨大な在庫データを活用して、合わせ買い商品を選定することで、売上が昨対比25%増加。客単価も8%向上しました。

◆活用ツール

FULL KAITEN

◆目安の予算

非公開

「開発力・品揃えの最適化」事例⑥　従業員数100～300名

営業の感覚値に替わって、AIが「ホットな案件」をスコア化！

◆課題・背景

クラウド勤怠管理システムなどの提供を行っているH社では、すでに「SalesCloud」と「Pardot」を活用していました。新規リードに対してシナリオベースで自動的にステップメールを配信することで追客を行った後、営業担当者に引き渡す仕組みを構築。並行してWebページ訪問回数の過多によるリードスコアリングも作成して確度の高いリードの抽出を行おうとしていました。しかし、WEBページ訪問回数とコンバージョン率は必ずしも比例するものではなく、信憑性あるデータをリアルタイムで把握したいと考えていました。

◆解決策

営業支援アプリケーション向けAIの「Salesforce Einstein」を導入しました。これは、AIが社内に蓄積されているリードや商談を分析して有望かどうかをスコアリングしてくれるもの。

H社では、自社Salesforce上に蓄積されていたリードの全データをチェックして、コンバージョンできたリードとできなかったリードの両方の傾向を分析、スコアリングしました。

◆成果

感覚値でしかなかった業種とコンバージョン率との関係性が可視化でき、スコアの高いリードに対して優先的に対応できるようになりました。成果も顕著に表れていて、81〜100のスコアがついたリードのコンバージョン率が80%に達したそうです。

◆活用ツール

Salesforce Einstein

◆目安の予算

非公開

「開発力・品揃えの最適化」事例⑦　従業員数500名以上

人の専売特許だった新商品開発。AI活用で、ラインアップ強化！

◆課題・背景

大手食品メーカーのN社は、新商品開発にAIを活用できないかと考えました。新商品開発は売上や事業拡大の起爆剤ですが、多くの時間とコストを費やす分、極力失敗は避けたいものです。そのために、入念なマーケティングを行うわけですが、結局は開発担当の経験や勘に頼らざるをえないため、どうしても〝賭け〟の要素が含まれてきます。また、多様な商品が世の中にあふれている現在、新商品のアイデアをひねり出すだけでもひと苦労です。定期的に新商品を発売しなければ小売店の棚を維持できない食品メーカーにとっては、新商品開発が滞ることは死活問題でもあります。

そこで、N社では新商品開発の工程のうちメイン食材の選定とサブ食材の選定に、ＡＩを活用することにしました。

◆**解決策**

大学と連携してデータサイエンティストの協力を仰いで開発に着手。まずは既存の商品を購入している人と、していない人の傾向を分析。加えて、レシピサイトから「人がつくったレシピの傾向」を学習させることで、２４００万通りもある食材の組み合わせの中から、Ｎ社の商品ユーザーに刺さりやすいものをＡＩが導き出してくれました。

◆**成果**

ＡＩが導き出した食材の組み合わせを基に、商品開発担当が微妙な調整を加えることで新商品が誕生。人気シリーズに新たなラインアップを加えることに成功しています。

◆**活用ツール**

自社開発

◆**目安の予算**

自社開発のため非公開

「組織学習力の向上」事例① 従業員数30～100名未満

顧客情報を一元化。的確なアドバイス展開で返品率が12%減

◆課題・背景

補正下着といった機能性下着の企画・開発からネット通販までを手掛けるH社は、卸売りをせず自社開発した製品をネット通販に特化して販売するSPA（製造小売業）です。ユニークな点は、ネット通販で課題になる「試着して製品を確認したい」というニーズに応えるため、試着&フィッティングだけで販売はしないサロンを設置していることでしょう。また、下着というデリケートな製品を扱うだけに、電話やメール、チャットなどによるお客様サポートも行っていました。

しかし、寄せられたお客様の声や悩みなどの情報は、それぞれの窓口ごとに紙カルテなどで管理されていたため、取り出すのに時間がかかりまし

た。電話での問い合わせに対応するときに、サロンで収集したフィッティングデータを参照したくても、その情報にアクセスできないということがありました。こういった情報の分断を改善しなければ、お客様に喜びと感動をお届けするという理念の実現が遠ざかってしまうという危機感を抱き、ＣＲＭの導入を検討することになりました。

◆解決策

各社のシステムを試したところ、必要のない機能が含まれていて価格が高かったり、価格の安いものは機能が限定されすぎていて使い勝手が悪かったりと、「帯に短し襷に長し」なものが多かったといいます。

そんな中、機能のカスタマイズが可能で、導入にあたってはＨ社の想いを尊重した提案を心掛けてくれたＳａｌｅｓｆｏｒｃｅを選択。問い合わせや購買履歴、フィッティングなどの顧客情報を一元管理し、顧客の声もその場で入力して社内で共有できる体制を構築しました。

◆成果

一つが、返品率の低下です。例えば、顧客から電話で返品の希望を受けた際、システム導入以前は、手元の情報だけで納得していただけなければ返品を受けるしかありませんでした。現在は、顧客情報が一元管理され履歴のすべてを瞬時に把握できるので、過去の購入履歴やフィッティングアドバイスの内容などを見ながらアドバイスやカウンセリングを行うことができるように。その結果、交換対応に変更できるケースが増え、導入後わずか2ヵ月で返品率が12％も下がったそうです。また、ネット通販に慣れていない人が割引クーポンを使うタイミングがわからず使えないケースがあることを把握できたおかげで、購買プロセスの改善にもつながりました。何より、一元化された顧客情報を社員全員が把握できるようになったことで、「お客様をより身近に感じられるように」なり、モチベーションが向上したことが大きかったといいます。

◆活用ツール

Ｓａｌｅｓｆｏｒｃｅ

◆目安の予算

非公開

電話やメール、SNSからの〝声〟を徹底管理して、〝お客様視点〟へ

◆課題・背景

オフィスで必要な品々を迅速に届けるビジネスモデルで急成長を遂げたA社は、徹底した「お客様視点」を大切にしてきました。わずか4名で創業した当初、社長を含む全員が、お客様の電話に対応し、そこでいただいた貴重な声に応えることで成長してきたという実感があるからだといいます。従業員数千名規模にまで成長した現在も〝お客様の声を大切にする〟企業文化がブレることはありません。しかし、成長するに伴い、お客様の声は電話やメール、SNSなど多様な接点から声が届くようになり、その度にカスタマーサポートのシステムを構築していったため、コールセンターの担当者は、いくつものシステムを併用しながらお客様の情報を確認

し、サポートをしなければならなくなっていました。

◆解決策

Ｓａｌｅｓｆｏｒｃｅを導入することで、多様な接点から届く「お客様の声」を一元化。その声は営業やドライバー、サプライヤーなどの関係者に共有できる環境を構築しました。さらに、数十あったシステムを半分に統合。カスタマーサポート担当者の業務効率化も目指しました。

◆成果

顧客情報を社内だけでなく、販売をサポートするパートナーやドライバー、サプライヤーにも共有することで、A社のサービスに関わるすべての人たちが、お客様の方を向いて、サービスを提供できるようになったといいます。

◆活用ツール

Ｓａｌｅｓｆｏｒｃｅ

◆目安の予算

非公開

「組織学習力の向上」事例③　従業員数100～300名未満

ソーシャルリスニングを活用して、"炎上"を未然に防ぐことに……

◆課題・背景

電子マネーの運営・推進を担うR社は、利用店舗の開拓やスマートフォン向けアプリの開発、インターネット決済向けのサービス向上などに取り組んでいます。業務の確度を高めるには、利用者の本音をつかむことが近道ですが、社名を明かして実施するアンケート調査などは「内容を企業が見る」前提で記入するため、正直な意見を書いてくれない可能性がありま す。そもそも、企業側がほしい情報に即した質問を設定するため、得られる情報も限定的になってしまうという欠点がありました。

◆解決策

TwitterやInstagramなどのソーシャルメディアやブロ

グ、レビューサイトなどに発信されたユーザーの声を網羅的に収集・分析できるソーシャルリスニングを導入。収集したデータを一元的に管理できるプラットフォームとしてSalesforceを採用しました。

◆成果

お客様の本音が、サービスの質向上につながっただけでなく、いわゆる〝炎上〟を未然に防げたことも。R社のサービスに対する誤った情報がSNSで拡散されそうだと察知できたときには、発信者の誤解を解くため迅速に対処できました。誤解が解けたことで感謝のツイートが拡散され、ネガティブな情報をポジティブに変えることができたそうです。

また、普段ユーザーと接する機会のない部門の社員もお客様の生の声に触れる貴重な機会になっているといいます。

◆活用ツール

Salesforce、Social Studio

◆目安の予算

非公開

社員のエンゲージメント向上により、離職率低下を進行させる！

◆課題・背景

離職率が19％ほどで高止まりしていたE社。各地に80店舗ほどを展開しており、実質的な人事権はエリアマネジャーが握っているのが現状で、人事部は現場社員の情報を把握しきれていませんでした。そのため、適材適所な社員配置や異動の意思決定、モチベーション管理などは、エリアマネジャー任せになっており、高い離職率の原因がどこにあるのか、人事部では把握できていない状況だったのです。

◆解決策

カオナビを導入。アンケート機能「Ｖｏｉｃｅ Ｎｏｔｅ」を使って、社員満足度、希望部署、趣味や特技、介護に関する状況や相談相手の有無など、幅広い社内調査を実施しました。この情報を、名前や役職、勤続年数といった社員の基本情報と連携させることで、社員一人ひとりの状況を可視化することに成功。介護で苦しんでいる社員や悩みを相談できる相手が職場におらず孤立している社員の存在などが浮き彫りとなり、具体的な対処を行うことができるようになりました。

◆成果

「Ｖｏｉｃｅ Ｎｏｔｅ」によるアンケート調査を定期的に実施し、社員の状況を更新することでネガティブ要因に迅速に対処できるようになり、離職率を約11％まで下げることに成功。また、アンケート調査によって把握した社員の希望や思考、職場での人間関係などの情報を１ｏｎ１ミーティングに活用することで、エンゲージメントの向上も実現しています。

◆活用ツール

カオナビ

◆目安の予算

非公開

「組織学習力の向上」事例⑤　従業員数500名以上

属人的な品質検査業務をAI化。フロー転換で、速度を2倍に向上

◆課題・背景

大手食品メーカーのK社は、ベビーフードに使用するポテトに異常がないか、1日100万個以上を人の目で見分けていました。食べても問題のない単なる変色であっても取り除いていたといいます。そのこだわりは商品の品質と〝安心〟を支えるためには絶対に必要な作業であり、スタッフの集中力と人海戦術によって対応してきたそうです。

しかし、それも限界にきており、増産のボトルネックに。何とか自動化を図れないものか、方法を探っていました。

◆解決策

すでに採用していた画像認識システムでは精度やコスト面で折り合いが

つかなったため、ＡＩによる検査プログラムを製造工程に導入することにしました。当初は「不良品を見つけ出す」というフローで取り組んだもののうまくいかなかったため、発想を逆転。ＡＩに良品のポテトの画像を学習させて「良品を見つけ出す」というフローに転換したことによって、不良品の選別に成功しました。

◆成果

検査スタッフがどれほど集中して臨もうとしても、時間とともに疲れがでてきて、検査効率は下がってしまうものです。それをＡＩに置き換えることによって、検査速度を2倍に向上させられる可能性が見えてきました。また、この成功を他の製造工程にも横展開することで、品質検査の精度と速度の向上を全社的に進めていくそうです。

◆活用ツール

自社開発

◆目安の予算

自社開発のため非公開

「組織学習力の向上」事例⑥　従業員数30～100名未満

自然言語に特化したチャットボットで、問い合わせ&トラブル対応を迅速に！

◆**課題・背景**

日本最大級の市場リサーチサイトを運営しているY社。手軽に、お試し価格でサンプル商品が体験でき、消費者の生の声を企業サイドに伝えることで、双方にメリットを生み出すサービスが支持され、数百万人の人が利用しています。ただ、人気ゆえに問い合わせも多く、コールセンターに電話がつながらなかったり、メールの問い合わせに対する返信に時間がかかったりしていました。問い合わせ対応の質は、顧客満足度にも直結するため、解決の方法を探っていました。

◆**解決策**

人による対応を機械に置き換えるため、さまざまなチャットボットを調査。チャットボットとは人工知能を活用した自動会話プログラムのことです。その中からY社は、低価格でありながら自社に合わせたカスタマイズが手軽にできる点、自然言語に特化したＡＩによって高い回答率を実現している点から、「チャットボット」の導入を決定。1ヵ月後には運用を開始しました。

◆**成果**

導入前、問い合わせに対する返信は祝日をはさむと最大で3日を要していましたが、導入後は0・5日に短縮できたなど、わずか2ヵ月でメールの問い合わせ数が約50％も激減したそうです。結果、問い合わせへの返信速度も向上。有人チャット機能を併用することで解決率も上がり、顧客満足度の上昇に大きく貢献しています。

◆**活用ツール**

自社開発

◆**目安の予算**

自社開発のため非公開

おわりに

最後までお読みいただきありがとうございました。
この本のタイトルは「失敗しないＤＸ企画」です。
「ＤＸの失敗」とはどのようなものか。私は、「時間や労力を掛けてＤＸを推進したが、現場が混乱しただけで、儲けることができなかった企画」と考えております。

この地球上にはこれまで数えきれないほどの生物が誕生しましたが、進化と絶滅を繰り返して、現在の種にたどり着いたといえます。

生き残るためのたった一つのルールは、「環境に適応する特徴を持っていること」です。同じように、ビジネスの世界にも幾多の商品・サービスや、業種・業態があり、多くの企業が誕生しましたが、さまざまな時代の変化を乗り超えてきた老舗企業が存在します。企業が生き残るたった一つのルールは、「顧客に選ばれ、儲け続けること」です。

おわりに

どんなにＩＴを活用したＤＸを企画推進しても、顧客に選ばれず、儲けられなければ意味がありません。また、どんなに業務を効率化しても、儲けが増えなければ自己満足で終わります。

世の中に価値を提供して、顧客に選ばれ、対価をもらい、そのお金を新たな商品の開発や人材に投資をすることで、顧客や社会に選ばれて儲け続けることができると思います。

これから社内や顧客にＤＸ企画を提案する読者の皆さまは、ＤＸを目的にするのではなく、手段としてのＤＸを企画いただき、本書がＤＸ企画の方向性を見出す際の羅針盤となれれば幸いです。

最後となりましたが、本書の出版にあたって、さまざまなご尽力をいただいたプレジデント社の金久保 徹さん、構成をお願いしました八色祐次さん、そして、生物から学ぶ機会をくれた息子には心より感謝申し上げます。

２０２１年７月吉日

株式会社ＢｕｓｉｎｅｓｓＴｅｃｈ　代表取締役　三浦一大

失敗しないDX企画
48のネタ！

2021年7月30日　第1刷発行

著　者　　三浦一大
発行者　　長坂嘉昭
発行所　　株式会社プレジデント社
〒102-8641
東京都千代田区平河町2-16-1 平河町森タワー13階
https://www.president.co.jp/　https://presidentstore.jp/
電話　編集 03-3237-3733
販売 03-3237-3731
販　売　　桂木栄一、高橋 徹、川井田美景、森田 巌、末吉秀樹

構　成　　八色祐次
装　丁　　鈴木美里
組　版　　清水絵理子
校　正　　株式会社ヴェリタ
制　作　　関 結香
編　集　　金久保 徹

印刷・製本　大日本印刷株式会社

本書に掲載した画像は、
Shutterstock.comのライセンス許諾により使用しています。

ISBN　978-4-8334-5179-6
Printed in Japan
落丁・乱丁本はお取り替えいたします。